Severin Perrig

perlen aus leuchtglas

edition mss. reprobatorum, vol. 1

AF191686

Severin Perrig

perlen aus leuchtglas

new york gedichte und märchen

Bibliografische Information der Deutschen Nationalbibliothek: Die Deutsche Nationalbibliothek verzeichnet diese Publikation in der Deutschen Nationalbibliografie; detaillierte bibliografische Daten sind im Internet über http://dnb.dnb.de abrufbar.

edition mss. reprobatorum, vol. 1

Verlag: BoD · Books on Demand GmbH, Überseering 33, 22297 Hamburg, bod@bod.de

Druck: Libri Plureos GmbH, Friedensallee 273, 22763 Hamburg

ISBN: 978-3-7693-4007-5

perlen aus leuchtglas

new york gedichte

Let the world's riches, which dispersed lie,
Contract into a span.
(George Herbert)

Wir nehmen das köstliche Treiben in uns auf. Unsere Augen
trinken das gefleckte Licht, wie es auf jedes zufällig ge-
streifte Gesicht ein Lächeln legt, über die Stirn einer Frau
huscht, die sich zwischen den schmalen Wagen, den Feuer-
rädern flink hindurchwindet. Eine bleiche Straße, zarte
Schattenklippe mit samtweichen Balkonen, schwebt, ab-
schüssig hier, an einem leicht lichtflirrenden Himmel; und
vor uns sind, versunken im reinen, unauslotbaren Boden,
dem Licht entsteigt, Passanten aufgetaucht, gleichen uns
und strömen in der Sonne auseinander.

Mit feinem Ohr lauschen wir dem Lärmgemisch der breiten
Straße...die üppige Mauser der Welt, die Verwandlung der
Gleichgültigen ineinander, die allgemeine Anwesenheit der
Menge.
(Paul Valéry)

Greenwich Village I

die nacht bleibt hier hell
mit unzähligen lichtern
flugzeuge kleine mücken
auf dem weg zum mond
über manhattans ozean

zwischen herbstblätter
auf nasse schwarze zweige
legt sich meine trauer
sehe ich all das im fall
verblüht mein ich
im kühlen wind

über die kämme der dächer
ans steinerne meer
gischt morgenlicht
den hohen häusern zu
sichtbar die wellen
sie sinken in schächte
brechen die nächtlichen schatten
unten in der straßenflut

manchmal bin ich ganz klein

ein schatten an laternen
warte auf die lücke
im rauschenden verkehr
werde auf einer holzbank
wieder nüchtern
lausch dem schnarchen
des nachbarn
während hudsonwellen
von wilden bächen singen
seh ich am horizont venedig
sagenhaft
schweigsam hingegossen
new jerseys steinquader
grob und unbehauen
so steh ich davor
ganz benommen
schwarz
ein stilles flaches schiff
in eile richtung meer

manchmal fühl ich mich so klein

clouds auf hellem blau
graue himmelshauben
stürmen hier
keine ruhe was mich
besänftigen könnte
schlaf kenn ich nicht

der holztisch noch feucht
messer und gabel
ich lehne mich zurück
links eine frau am laptop
mit roten fingernägeln und schwarz
die mädchenschenkel in nylon
ach nie wieder so jung

vor mir ein grauer vater
zittrig vor wiedersehensfreude
schweigsam der sohn
spüre die schamhaftigkeit
in diese Lage nie zu kommen
mit allem glücklich vertraut
hier steht das perry-straßenschild

drüben rot beige grau die häuschen
white horse tavern erinnert mich
eine milky way noch im rucksack
das paar an der ampel
die regenmantelkragen hochgestellt
verwehte schöne gesichter
ans bike geschmiegt

erotisch wartende körper
lange noch seh ich ihnen nach
dann ist der holztisch trocken
neben messer und gabel
lege ich sachte mein buch

zur späten stunde

fließt der hudson aufwärts
still sitz ich im dämmerlicht
seh hinab auf new yorks bay
ein weites ruhiges meer
darüber zirruswolken
die zärtlich zelte bauen
verträumter wellenschlag

eine deiner zigaretten glüht
himmelwärts ins dunkle blau
lichte sterne büsche
leis beschienen
schwarzer obdachloser schlaf
ruhelos zur letzten glut
flugzeuge lichtertürme
da schau ich auf

mein wimpernschlag
allein für dich

auf dem sofa

mit ausgestreckten beinen
lese ich zeile für zeile
an den sandsteinhäusern
morgenlicht bernsteinfarben
steigt es empor
zum mattgrauen
himmel in midtown
und ich sehe
auf meiner pyjamahose
dein dunkles haar
glänzende spur
zur vergangenen nacht

drehbeginn

langes gespräch
mit einem beleuchter
am washington square
anschließend zuversichtlich
in den nächstgelegenen starbucks

der satellit ein heller abendstern
blinkt zwischen den silver towers
nach laguardia

allerletzte büroarbeiten
einsame mikroprozessoren
die neuen bartlebys

der tod trifft einen hier schnell
spür ich noch im schlaf
traumloser tiefe

6 o'clock a.m.

am vorhang hängt der tag
zwischen käfigstäben
milchig bleich und leer

davor ein schreibtisch
die lampe schweigt
strahlt schwarz dahin

ich liege döse
im urin des vortags
noch hibiskusblüten

leer der kopf
herbstarbeitslos ich
liege hingebreitet

handlanger des weckers
welke blüte
auf grobem kies

über dem rohbau
das gerüst
im lustlosen himmel
eines morgens

über missmutigen fassaden
auf den hausdächern
im kühlen sonnenlicht
drehen sich wasserspeicher
verschlafene raketen
aus jules vernes zeiten

im blinden spiegel meines gesichts
seh ich bleich die bartstoppeln
altes verblichenes pergament

Lower Manhattan

aufgerissene straßen

keiner weiß wie
das je heilen wird
dicke schuhsohlen
an meinen füßen
nikegrelle farben
asphaltdschungel
voller dieselgestank
so hart die stadt immer
wirkt der mensch weich
deine augen

mein schaufenster

der cheyenne isst fast food
gleichgültig sein blick

verblichenes fensterglas
vibrierender verkehr

mit dem handschuh
greift ein vietnamese
in den müll

der barber schert
verschämt ascht man hier
draußen zigaretten
als wär es marihuana

beim ground zero
raucht es noch
vom straßenguli und
altöl am hotdogstand

über einem pappbecher
hebt ein müder schwarzer
sein ohnmächtiges lid

verschlinge auf zeitungspapier
den verstaubten gestrigen tag

vergebliche suche
nach der geliebten stimme

drehbuch

für alles gibt es wünsche
grauer alltag
schriftsteller staunen
fragen
ist man drehbuchautor
nicht großstadtdichter

fuck an jeder eck
ob racker oder packer
schön sitzt der fluch
symphonieauftakt
im rauschenden verkehr
die hörner der trucks

geht die hupe nicht
schreien sie noch lauter
go go and fuck you

die ambulanz im verkehr
verstimmte geige

aus der subway
rushen touristinnen
strömen die wanderraten
in den battery park
die insel im blick
die freiheitsgöttin
verwunschen leuchtet sie
das wolkendrama erzählt
von explosionen
auf den hochhäusern
verdunkelt die sonne
zwischen himmelskratzern
im nebligen dunst
ganz ohne licht die straßen
schattenlose menschen irren

finanzdickicht

nirgends so tot
wie auf dem trinity church yard
im finanzdickicht
wall street aktien
in den sternen und streifen
flattern sie reizend
hier sind die statuen
der freiheit und politik
überflüssig
hudson
du großer fluss
voll brisen und wale
du bist so seastill

deli in soho

all food
only organic
big apple

governor's island

ein schmaler blauer strich
die wolken grau getürmt
geduckte kartenhäuser
katastrophenstimmung
staubpartikel die bewohner
zur sonne hoch entschwebt
der wind auf kalt gedreht
ich zieh den vorhang weg
die bühne so befremdend nah
but who the hell do i think i am

chinatown

canal street
crosswalk
zwei polizisten
schreien
verkehr
vorwärts

köche lehnen an türpfosten
ganz vertieft in ihr smart phone
im mundwinkel zigaretten unlit

krabben im plastikbecken
frittierte nudeltaschen
litschis und durians

bei der vietnamesin
american coffee
mit scharfem hotdog

lärmige pokerrunden
im columbus park
der bäume schattentheater

fett öl abgas dreck und staub
ich flüchte die bowery hoch
vorbei an tristen mietskasernen

east river
graue flut
ein lastkahn
schiffshorn
jangtse
tränen
traum

Hell's Kitchen

indian summer

im trockenen pinot grigio
surrt die eintagsfliege
licht wie am meer
licht wie im norden
spät nachts regenpfützen
das flackern auf fassaden gegossen
unantastbar und schön
allein auf der bank
neben mir ein dreister vogel
er zirpt von dir
wie am morgen
auf der baumkrone
als ich erwachte

früh am morgen
himmel und häuser
fenster wie seen
mein blick geht dicht am boden
suche nach den dingen
spuren ohne worte
geschichten weggeworfen
unerzählter müll von menschen
die einst hier barfuß lebten
lagen aßen oder liebten
steinhart gegossen nun
die platten dunkel
so treibt mein blick über sie hinweg

mitten aus dem wasser
wachsen die türme
schilf aus glas und stahl
hubschrauber tanzen
libellenhaft am hudson
new jersey liegt da
als hätte canaletto
es skizziert
der indian summer
schwer
drückend über der stadt
klima-tomahawk
die subway verspricht
hitze und kühle zugleich
die wartenden trinken
vom wind der bahn

glocke der salvation army

bingo
wenn in manhattans meer
mein augenblick passanten streift
in tablets eingetauchte meerjungfrauen
bildschirmblau das lid verschattet
entkrampfte beine aus den spa oasen
durch bloomingdale wie macy's tanzen
gesumm von delfinhaften ehefrauen
die kabbala der unterwäsche
daneben brav flanellte
in scharfem haifischston
den lieben langen tag mobiles phonen
derweil lateinamerikas kleine lotsenfische
alles bringen bedienen bugsieren bauen
und schwarze das zuhause hüten
seh ich verwahrloste sitzend am rand
offen die hohle hand für eine münze
für dollarscheine der touristen
aber es gibt kein stehenbleiben

bingo bango
auf einmal rufen polizisten
es rührt sich einer wie verzaubert nicht
träumt nur von weichen muschelknien
im bewegten menschenmeer
armselige vornehmheit
vom alter gezeichnet
welkes laub
eine hölle
yeah

da tönt die glocke
salvation army
bingo bango
bingo bango

triefend grüner morgen
nach einer regennacht
weckt geruch mich vom flur
der nachbar brät spiegeleier
hungrig sind meine träume erwacht
both sides please
ich halte ausschau
die 6th avenue hoch
ins diner for farmer breakfast
dünner american coffee
jeder sitzt eingekapselt für sich
der argentinische kellner deckt auf
schatten seiner selbst im hasten
give me eggs hier
with potatoes da
unerbittlich ruft der tag
mit tip und tax

blick aus dem café

die autos unheimlich
eine weidende herde
auf dem weg ins parking

die menschen fremd
ein ameisenhaufen
jeder sucht etwas vergessenes

die hunde stumm
gefangen an der leine
auf dem weg zum spielplatzkäfig

dämmerung

kunstlichter verblassen
schlaftrunkene seelen

was machst du nur hier
mitten am morgen
du schlemiel

wärme mich im dunst
fettiges take away
einsamer leser ich

blicke auf verfärbte haare
soft ice auf den beinen
flecke und krampfadern

was wirst du mensch
abends um acht
mit dir anzufangen wissen

zelebriere nüchternheit
übergieße die pancakes
maple syrup brown

rede kein wort
zahle und gehe
zwischen hohen häusern

das klima ändert ständig
von heiß zu kalt

weiche knie

ihr kuss auf meinen mund
mitten auf der achten avenue
kolumbus schaut weg

wir schlendern durch chelsea
mehr als eine gepflegte straße
as good old england

das alte new york
ein backsteinhaufen voller
fassadenscherze

die feuertreppen hängen rostig
wir lassen unsere küsse steigen
wissen nicht mehr wo wir sind

die straßen entgleiten uns

East Village

stadt

in den plan der liebe
straßen wir
rauchzeichen
die hände am glas
durchsichtig das begehren
unsere nackten füße
suchen sich unterm tisch
draußen das gewitter
die haut der schwüle
entkleidet die verse des windes

hektischer freitag

abends
der himmel leer und noch kraftlos
der mond

der cadillac jack
nervt im dichten verkehr
fucking gehupe

pfeift schönen gals
doch die girls sind müde
not ready to smile

die steampipes rauchen
und die dieselmotoren
no smoking here please

an den haltestellen
warten die beine auf
eine erste sitzgelegenheit

könig der dunkelheit

auf einem hellen stuhl
seine blicke auf den bäumen
liebe freundschaft und brüche
ihre geschichten und hin
und wieder geht der schlaf
vorüber wie ein streunender kater

.

ragtime

regen klimpert
auf zweigen
die melodie
tanz des wilden
tropfender dschungel

die sintflut verebbt
fassaden trinken licht
noch immer dürstet mich
nach der kraft meiner
ungelebten rhythmen

gemächlicher samstag

abend
sonniger dunst
über bäumen
yes i am here
sagt er am handy
zerstreut
nicht wirklich bei ihr
herabhängend
über dem parkplatz
entkräftet
das laub

im restaurant

die teller reich beladen
ich bewundere sie
farbiger bildschirm

am tv suchen sie
im land der jungen liebe
partner weit über vierzig

fragen nach sex shops
singvögel und schutzengel
oder soft caresses

und wo bleiben die wracks
friedliche innenhöfe voll
mit liegengelassenem müll

keiner schaut wirklich hin
bis der bildschirm schreit
national football league

die metallische stimme an der bar
pingelig durchdringend
the erection fails

that's doin' that bullshit
der barman bringt luft
lärmige air condition

rauschende blätter vor dem fenster
der wind weht in den ästen
bis trockene zweige brechen

mondschein

tag für tag
türen verschlossen

die nacht kommt

offene schönheit
du über mir

frühstau

morgens liegt die bar
schläfrig im kellergeschoss
ganz illegal da

gelbe schulbusse fahren
die schnurgeraden avenuen empor
auf direktem weg zum himmel

ich suche einen strumpf
während die waschmaschine
im salon heftig rotiert

den ungeduldigen winkt
draußen im dichten verkehr
stets noch die rote hand

also träume ich
von wolkenkratzern
ohne allen geschäftssinn

gramercy park

der alte mann
hemingwaybart
fast jeden tag
eingeschlossen
in seinen büchern
quirlige squirrels
ein taubenschwarm
papierfetzen
in den wind gestreut
lieber beiseit
der buchsäufer
er blinzelt

amerikamüde

east river

am nebligen morgen
wie schweißlinien an hemden
sein gewundener lauf

dunstige hoffnung
für kranke und arbeitslose
ein marathon

auf der brooklyn bridge
blick ins verkehrschaos
it ain't no black god

Brooklyn

botanischer garten brooklyn

schwer hängt das gelb
herab an müden ästen
worunter alte russen rasten
in trüben teichen leuchten
japanrot die kleinen fische
still und trocken steht die luft
im unterholz rascheln kinder
noch gar nicht winterschläfrig
wie ihre nunnies schimpfen
und aus der nervenheilanstalt
gehen verstörte über wiesen
kreisend ihre arme
zartblau die kondensstreifen
ein letztes feuerwerk
in diesem jahr
am glutbewölkten himmel

tauben im gras

ich werfe meine arme
über die banklehne und
beobachte ihr herunterbaumeln
früchte an herbstbäumen
schwere goldruten und astern

blicke ich wieder hinüber
auf tauben und tauberiche
tauberiche mit tauben
verträumte begattungsspiele
schrittfolgen mit schreien
da erlahmen meine arme

nabokovs monarchenfalter

weit aus dem fenster lehnen
in little odessa by sea
und sehnen und sehnen
mit den fühlern eines schriftstellers
wie schwankend die welt geht
eine katze im schlaf schnauft
und ein fernfahrerherz brummt
auf dem highway des himmels
in winzigen flügelschlägen
falter mexikos sonne entgegen

montauk

ein brauner mantel
im wind bewegt
sie wartet

überquert die straße
verträumt betrachtet er
ihre langen beine

olivbrauner stachelrochen
verschwindet im sand
von long island

frisch im herbst

plastiktüte

im sand windgebläht
in rückenlage alle
viere von sich
fällt ein blatt schräg
über den frosch auf
einmal diese sehnsucht
berühren bewegen
hände und beine
in pokerwellen
die karten tropfen
vor lauter lust

bushaltestelle mit spatz

you know typewriter
fragt der zahnlose schwarze
in jackson heights
an der bushaltestelle
sein perlendes lachen
hunger und filmweltmagie
alles hat ihn komplett verwirrt
er redet wie ein soap star
die post stellt ihm keine fanmail zu
schon lange nicht mehr
brklyn you know

im grauen straßensand
badet ein spatz vor uns

krimineller spielt er
in handschellen
bieder sitzt er da draußen
drinnen der geist von anna smith

aufgeplustertes gefieder
stäubender schüttelfrost

beim öden lunapark
dieser abfallhalde
sagt er wie zu sich selber
i can't stand fucking
wasps on your face
i'm really beat man

schräg gestellter schnabel
äugen nach krumen

ein autobus kommt
er steigt ein
die wartende frau schüttelt den kopf
lächle ihren sonnenbrillengläsern zu
nur wir noch beide
und der kleine vogel
alle warten wir auf
laguardia airport

still auf dem randstein der spatz
statue auf einem sockel

herbstzeit lose

von weither kommt er
schläft im kapuzentrainer
an einem tisch im freizeitpark

ganz unverständlich
der singsang des südens
brooklynese subway voice

queens plaza
amerikas königin
harrt erfolglos

gleich den algonkins
stirbt im melting pot
noch jede rasse

wo wird der schwarze
gemordet das nächste mal
in harlem oder bedford

es fallen menschen
tote blätter treiben im herbst
zum meer entschwebe ich

wind von den islands
durch die straßenkanäle
kalt zieht es zur bronx

einsamer vogel über wellen

Uptown

der prophet

auf dem sidewalk
laut liest der prophet
stellen aus der bibel
ich bleibe stehen
gesprächig wie irr
das stille löschfahrzeug
blinkt nur

im treiben uptowns
brennt mein blick
hast und melancholie
verschleiert durchschaue ich mich

wäre das glück
stets mit mir gewesen
ich wäre anders unglücklich

am rand des central parks
stranden armselige wellen
schwarzer obdachloser

übergewichtige joggen
wo ein armer hund liegt
auf seiner einzigen habe

die müden füße besohlt
mit hellrotem leder
madone buy me a latte

günstige angebote verschüttet
die wünsche kaputt
grau der pelz der fliege

frage nach dem weg

das hochhaus umwogt
in lautem verkehr
feuerwehrsirenen
schreiende kinder
balzende marabus
ganz normaler zoolärm
hier drin hört man nichts

wo ist der broadway

das tageslicht verebbt
vor den aquariumsfenstern
der letzte vogel der welt
ein pfeifender portier
interessiert am fremden
an switzerland
i like chapuisat

schaustück im freien

vor der konditorei
ein rosa banker hemd
sein hündchen riecht die torte

smarte clerks eilen
ihren geschäften entgegen
im viehtreiberschritt

fassförmig schleicht sie vorüber
echsenhafte beine
die turnschuhe saugnäpfe

ein schwarzer cowboy
bahnt sich seinen weg
ganz jüdisch orthodox

zwischen zwei schaufenstern
eine staubige siesta
bauarbeiter und gipser

cappuccino to go
im eleganten midtown
eierflecken krawatten

heimliches mitlauschen
tätowierte schwabbelbäuche
keiner hat einen schirm

yeah i got to go for that
den hohen randstein hinab
das chamäleon fort

nie siehst du sie wieder
niemals die gleichen passanten
wie schön auch immer

an englishwoman in new york

86ste
hochfahren im alten bus

alles geliftet

vor dem konzertsaal

versunkene stadt
nächtliche leuchtspuren
verlockender schein

hochhauswände
ständig verändert
mosaike aus buntglaslichtern

ausgestorbene avenues
geheimnisvolle fluchten
düstere seitenstraßen

aneinandergereiht liegen
die autos wie särge
im dunkeln begraben

ab und zu ein glimmen
leuchtkäfer am straßenrand
und meine letzte zigarette

die musik noch im ohr
ahn ich die kommende kälte
in fortgeschrittener nacht

Greenwich Village II

abends im bett

der lampenmond
verfleckt und rissig
leuchtet beige
den abendwolken
nacht heran

vögel schwärmen
tief ihre schatten
auf düsteren tapeten
wie ungeziefer leis
zur heizung hin

und bücher liegen
auf einem haufen
offne bildschirmseiten
stille augenweiher
leichte trauer

dinge liegen einfach

zahnpasta handcreme
schüsslersalz und zahnseide
liegen einfach da

komplizierte gedanken
knüpfen sehnsucht
fäden vor dem spiegel

museumsmüd die augen

wink ich der yellow cab
die lang gewordenen labyrinthe
von greenwich village
versinke im alten lederpolster
höre nur noch mit halbem ohr
pakistani inglish die erzählung
lastwagenfahrer bei der army
im schönen heidelberg
wir kommen alle nie zur ruhe

in diesem reiseleben

wir rauchen draußen im dante

heimlich wie einst im schulhof
unter bösen blicken der passanten
plötzlich geht der regen nieder
alles durchnässt
heftige windböen treiben

hinein zu den nichtrauchern
lachende zwangsgemeinschaft
ab und zu kommt noch einer
schuhe schmatzen bei jedem schritt
zum prasselnden regenrhythmus

wind picks up like halloween
nachdenklich sehen wir hinaus
bis der regen abflaut
parkierte wagen wieder fahren
vorsichtig los in eine neue welt

manchmal riecht die stadt
brand moder kot und müll
und manchmal auch nach meer

great plains

im café angelique
wir zwei beisammen
ineinander vertieft

hiesige kinder wachsen
zart behütete pflanzen
auf steinigem grund

mit dem spielkameraden im lift
erfüllter kindertraum
ins oberste stockwerk fahren

hoffnungslos verlassene
atmen wir erleichtert auf
das geständnis unserer liebe

sie erzählt vom blauen papier
ihrem ersten liebesbrief
parfümierter hände

ich rede vom landen am kennedy
die pilotenstimme über bordfunk
betont familiäre ruhe

morgens unser bettlaken
von highways durchzogen
die great plains

begehrendes licht

bump ahead

bodenwellen
keine straße ohne sie
voller risse

taube alte fahrer
mit hämorrhoiden
auf hustenden motorrädern

ein abfallschiffchen
vor dem gulli
gestrandet

ich suche neues glück
neugierige blicke und
berührende küsse

erfülltes schweigen
lustvolle augen
erregende brüste

liebe liebe ich
ungehemmt in betten
gewiegt von der stadt

die sterne fahl und
mein kissen nass
zum vollmond geknetet

die alten im lift
grüßen freundlich
ihr hund riecht

in unterhosen und socken
verstummen meine nachbarn
vor lauter alkohol und tv

augenblicke
wo mein denken wie ein blatt
still zu boden fällt

streichle meine bartstoppeln
fragezeichen im gesicht
noch lange keine antwort

furcht vor dem papiergrau
tote leere blätter
alles bleibt liegen

seltsames buch ich
erbärmlich schweigsam
dir unergründliches lesen

nacht und tag vergehn
momente ganz klar
ihr waghalsiges zögern

in deinen augen
ruht der ernst
mit einer frage

silbrige sichel des mondes
weicher flusslauf des lichts
nur die zeit verrinnt

Zur Bronx

fishing

jesus mein gott ächzend
schiebt sie den kinderwagen
nach harlem hinauf

vom cortlandt park träumt sie
von major the coyote
vom long island sound

nah am wasser anglerin
steht sie mit ihrer tochter
leer der blaue eimer

kraken schießen durchs dunkel
die fangleine ausgeworfen
über schlick und öligen schlamm

klaffmuscheln schmieralgen seepocken
halbschnäbler igelfische bodengucker
butterfische sägebarsche und winterflundern

röhrenwürmer seemäuse pferdemuscheln
seescheiden rankenfußkrebse knorpeltang
ladykrabben seeringelwürmer und hummer

alte versunkene frachtkähne
voll mit amöben und typhusbakterien
meersalat durchsetzt mit hafenaalen

kabel rohre treibholz
büchsen flaschen blechkanister
alles schwappt im eimer

my god schiebt sie
ächzend den schweren wagen
das kind nach harlem hinauf

von der terrasse des cloisters
hör ich den ruf der möwe
über den wäldern

der hudson singt leise
in herbstlicher pracht
das lied von der lorelei

ein blaufisch
den broadway hinunter
kleine läden der hispanics

psychodelische musik
spielhöllen offen
kleine kirchen geschlossen

erst das funeral home
vielsagend gediegen
verspricht eine zukunft

viele verstört diese stadt
keine arbeit keine liebe
reden nur mit dingen mit tieren

frage

bist du der morgen
bin ich der abend
oder
sind wir
morgen und abend

jahre

aus der größe deiner schuhe berechne ich die liebe
stets zwei nummern zu groß die spitzen stiefel
so stellt mir das begehren wachstumsprognosen

an der schönheit deiner röcke sehe ich die liebe
zärtlich fallen die träger über helle schultern
so birgt dieses finden stets noch erregenderes

aus dem klang deiner stimme höre ich die liebe
lachend weinend wütend ernst und sorglos
so redet sie in all ihrer einsamen größe

fragen und antworten

weiß nicht
wer bist du
nicht mehr
was weiß ich
wer bin ich

weiß nicht
bist du was
ich weiß wer
ich bin

du bist
wir sind

versteck

wo verbleibt die zärtlichkeit nur
wenn man morgens früh erwacht
die handgelenke sachte reibt

wohin geht die zweisamkeit allein
wenn man vor kalten morgenwinden
abseits der wärmenden cafés eilig treibt

wie erfindet und schreibt sich das alles dahin
wenn man auf feucht verdreckten karton tritt
aufs verlassene schlafzimmer eines kriegsveteranen

was wollen meine augen nur immer sehen
wenn groß sich wellen überschlagen
geschaukelt aus träumen von der geliebten stimme

wohnbunker liegen
trostlos an autobahnen
totenschädelhaft

no stars light the sky
another age in suburbs
where lady luck lacks

fabrikschlote
faulige lachen
abfallhalden

tankstellen
drug stores
highways

eine einzige parkierfläche
hineingefressen
ins hinterland

ist das noch new york
wo weit zersiedelt die bronx
america starts

urfaszinosum
große illusionen
in hitze und eis

wieviel perlen aus leuchtglas
müsste man heute wohl zahlen
den algonkins für dieses land

theaterhimmel
ihm ziehen wolken
den vorhang kurz auf

bänder scheinen auf
erzählen vom kontinent
horizontlos

wir werden uns
entfernen und uns
näher kommen

am hellen himmel
die mondscheibe blass wieder
über manhattan

(im indian summer 2014)

Nachtrag 2017

kennedy airport near

the plane
turns over
on the right
new york leans
gigantically seaward
green hudson
rough with tide
and wind starts
homeless
landing approach
back thrust
i lift my lamp
emma lazarus
beside a lightened
emergency exit

dem kennedy airport nah

das flugzeug
kippt ab
rechts
beugt sich new york
gigantisch meerwärts
grün der hudson
schaukelnd unter gezeiten
und der wind startet
heimatlos
der landeanflug
rückschub
ich hebe meine lampe an
emma lazarus
neben einem leuchtenden
notausgang

nuu yoak man
toughened
by every abuse
of the big city
trained
to suspect everyone
only in his realm
a board behind the counter
there's justice
even clemency

nuu yoak mann
gehärtet
durch jede misshandlung
der großen stadt
geübt
jeden zu verdächtigen
nur in seinem reich
ein brett hinter dem ladentisch
gerechtigkeit
ja nachsicht

just for the hell of it
there's venice
ezra pound dreamt
in the jersey marshes
liked toying
reproducing for fun
training baboons
to row the gondolas
where folks now
burn garbage
junk junk
we will debark
love
with a concert

nur so zum spaß
da ist venedig
erträumt von ezra pound
in den sümpfen jerseys
er liebte zu spielen
zum scherz wiederzugeben
trainierende paviane
für das rudern der gondeln
jetzt sind leute dort
verbrennen den müll
dschunken trödel
wir werden ausschiffen
liebe
mit einem konzert

late summer glimpse

the tunnel
the swamps
auto skeletons
machine entrails
dumps
gulls
dust
sketchy newark
trembling
in fiery passion

flüchtiger spätsommer blick

der tunnel
der sumpf
autowracks
maschineninnereien
schutthalden
möven
staubwolke
bruchstückhaft newark
bebend
in glühender lust

hudson southwards

on a trip
down rhinecliff
considering
legal loopholes
stop pollution
another fifty years
to restore the river
fish had persisted
at last
old spawning grounds
abandoned
only savage scavengers
distrustful eels
dominate the water
at cold spring
great and dark
to the city
lonesome
leaves canoeing

hudson südwärts

auf einem ausflug
rhinecliff hinunter
wenn man bedenkt
gesetzeslücken
stopp die verdreckung
weitere fünfzig jahre
um den fluss wiederherzustellen
der fisch verharrte
letztendlich
ehemalige laichplätze
aufgegeben
nur brutale aasfresser
misstrauische aale
beherrschen das wasser
bei cold spring
groß und dunkel
zur großstadt
verlassen
fahren blätter kanu

soul once

a hideous church
of red brick
growing upstate
comic ugliness
of that epoch
very soulful
the demons
but not one avenue
then put on
public relations airs

gemüt einst

eine scheußliche kirche
aus roten ziegelsteinen
aufsteigend in upstate
ulkige hässlichkeit
eine epoche
überaus schmachtend
die dämonen
aber keine avenue
legte sich damals
public relations airs zu

lookalike

youngster still
loafing about
the filthy avenue
concrete mixing trucks
smells of wet sand
powdery grey cement
crashing stamping
exhaust of cheap fuel
under structural steel
into the cool blue
orange cranes like straws
thundering machines
the whole street quivers
neverending disquiet
desperately purposeful
the crowd

doppelgänger

junge noch
langeweile
auf der schmutzigen hauptstraße
fahrmischer
schwaden von feuchtem sand
pulvriger grauer zement
krachen stampfen
ausstoß von billigbenzin
unter der stahlkonstruktion
ins kühle blau
orangfarbene kräne wie strohhalme
brüllende maschinen
die ganze straße zittert
endlose unruhe
hoffnungslos zielstrebig
die masse

an approach

admiring
beam of rays
honeyed
long icicles
on the huge red
circular roof tank
under the clear sky
not once discovered
a sentiment

annäherung

bewundernswert
strahlenbündel
honigsüß
lange eiszapfen
auf dem immensen rot
kreisrunde dachtanks
unter dem wolkenlosen himmel
gänzlich unentdeckt
ein gefühl

zur penn station

bäume im schlaf
blaue äste mir
adern des wassers
glänzender himmel
piers aus backstein
schwerelos über brücken
wache highway bracke
meine hände drücken
am stacheldraht
schienen wippen
in meinen glühbirnen
das tunneldunkel
rieche erbrochenes
warm der asphalt
wo ich jetzt stehe
eher ein meer
als ein gehsteig

samstagsstrudel

die luft dampft
grau und weich
über den bürgersteig
aus den subway schächten
geruch heißer steine

in der straßenschlucht
eisenumhegt
gefleckte platanen
stoßen braun und weiß
die blätter ab

messingfarbene exkremente
verbrennen das grüne
licht des grases
kleinflächige parks
im asphaltbauch der straße

gelb gesprenkelte tulpen
offen schimmernde münder
bebend in bewegung
voller düsternis
unabwaschbar der ruß

der runde mond signalisiert
übelriechende gullydeckel
im kupfer nahen herbstes
zieht das bleierne lied
haltlos den schlummer hinab

einsam im wirbel ich
in der letzten avenue
ein reisender
fühlt das gleiche
in afrikas wüste

New York Märchen

Dream of another life
Where all our dreams came true
(The Pogues: Fairytale of New York)

Sürrealistische Dinge braucht man hier nicht zu suchen,
man fällt mit jedem Schritt über sie.
(Gretel Adorno aus New York an Walter Benjamin)

Mit ironischem Unterton, um mir zu verstehen zu geben,
dass ich es nicht glauben müsse, erzählte er mir, dass Hen-
ry Hudson und seine Mannschaft irgendwo am Oberlauf
des Flusses kegelten. Aber ich glaubte es fast.
(Paula Fox: In fremden Kleidern – Geschichte einer Ju-
gend)

Der Dankbare und die Undankbare

Vor gar nicht so langer Zeit, als Gott Vater noch in den Vereinigten Staaten von Amerika weilte, gab es eine große Auseinandersetzung um seine Schöpfung. Viele beschwerten sich, dass er nicht bei allen Kreaturen gleich gut gearbeitet habe, es sei vielfach gepfuscht worden, vom Skunk über den Grizzli bis zum Alligator, da er zuerst in Alt-Europa sorgfältig gewirkt und dann fast keine Zeit oder Geduld mit dem märchenhaften amerikanischen Kontinent gehabt habe. So fehlte den einen der gute angeborene Geschmack wie Geruch, den anderen bereitete der lange Winterschlaf aufs Alter hin Mühe und den dritten wiederum kostete der Zahnarzt allzu viel Geld. So tat man sich denn zusammen, mietete einen Juristen und überzog diese miserable Schöpfung mit allerhand Sammelklagen. Allmählich wusste sich der Schöpfergott nur noch damit zu helfen, dass er gratis Wünsche verteilte, was ihm immerhin eine gute Portion Goodwill vor Richtern, Beamten und Geschworenen bescheinigte und ihn in vielen Klagefällen mit juristischen Vergleichen wegkommen ließ.

So kamen eines Tages ein Obdachloser und eine Wildtruthenne zu ihm, um sich zunächst über ihre verschissene graue Lebenssituation auszulassen. Und weil sich die zwei nicht gleich abwimmeln ließen, ja gar ein Gang vor Gericht zu befürchten war, gewährte Gott ihnen beiden, je einen Wunsch zu erfüllen. Und so wünschten sie sich ins edle Manhattan New Yorks, wo, wie sie gehört hatten, das Leben weniger grau für ihresgleichen verlaufe. Gott fiel ein Stein vom Herzen, da ihr Wünschen derart bescheiden ausfiel, so dass er ihnen das Reisegeld dorthin gleich auch noch erstattete. Man stelle sich nur vor, der Obdachlose hätte sich himmelwärts zu fliegen gewünscht und die Henne das Gegenteil, auf der Erde zu gehen wie die Menschen. Aber sie waren beide bescheidene Wünschende.

Auf diese Weise setzte der Obdachlose für ganz wenig Fährgeld von Staten Island direkt zum wunderschönen Battery Park in Manhattan über, ließ sich dort auf einer Bank nieder und schaute versonnen auf die Freiheitsstatue gegenüber. Das war in der Tat ein erhebender erster Anblick. Doch es ging nicht lange, da verspürte er großen Hunger, schließlich hatte er schon lange nichts mehr zu sich genommen, nicht einmal einen Tropfen Alkohol. Nur sah er jetzt, dass sein Fährgeld bereits gänzlich aufgebraucht und nicht einmal an den Besuch eines fahrbaren Schnellimbiss-Stands zu denken war. Und als er in den Abfällen der zahlreichen Touristen nach Essbarem zu suchen begann, wurde er von der New York Security sogleich des Parks verwiesen. So musste er hungrig durch den Broadway hoch, wo ebenfalls nichts mit der allerbescheidensten Bettelei auszurichten war. Im Gegenteil, die einheimischen Obdachlosen wollten keinen Fremden neben sich dulden, der ihnen den Change abspenstig machte, und entsprechend bedrohten sie ihn. So entwich er ohne eine Mahlzeit zu sich genommen zu haben an den Hudson, wo ihn wenigstens die viel beschäftigten Parkwächter duldeten. Doch als der Abend anbrach, merkte er mit einem Mal, dass er vollkommen ungeeignete Kleider für eine solche Übernachtung im Freien besaß, ja nicht einmal über Pappe als Schlafunterlage verfügte. Schließlich hatte er seine ganze Habe in einem drahtigen Supermarkt-Einkaufswägelchen von Staten Island nicht mit auf die Fähre nehmen dürfen. Und nun fing er an zu bedauern, was er sich so unüberlegt gewünscht hatte. Er schluchzte innerlich auf, aber er wusste auch aus seiner bisherigen Erfahrung als Obdachloser, dass ihm keine weiteren Wünsche mehr erfüllt werden würden, auch nicht von Gott Vater. Mutlos und traurig legte er sich ohne Gebet ins Gebüsch. Letzteres sollte keine große Rolle spielen, denn Gott erbarmte sich seiner und ließ ihn erfrieren, damit er auf diese Art und Weise möglichst schnell zu den Seligen eingehe.

Unterdessen war das unscheinbare Wildtruthuhn allmählich und im ruhigen Delta-Air-Flug ganz langsam von Laguardia her über den Riverside und Central Park nach Manhattan gelangt. Und zwar derart unauffällig, dass nicht ein einziger der vielen Menschen hier Notiz davon nahm. Man achtete ja jetzt nicht einmal mehr auf die tieffliegenden Flugzeuge. So konnte es selbst im Battery Park ungestört und in aller Stille auf den Bäumen leben und schlafen. Und die andern kleinen Stadtvögel hatten Angst vor diesem großen grauen Vogel. Als die Parkwächter das Tier dennoch eines Tages beim Aufpicken des für die anderen Vögel gedachten Futters entdeckten, waren sie ganz erstaunt und glücklich über einen derart seltenen Vogel, dass sie ihm extra Korn und Saatgut in aller nur erdenklichen Form streuten. Dieser Meleagros Gallopavo durfte unter keinen Umständen wieder vertrieben werden. Und sie fanden so großen Gefallen an dem Vogel, dass sie ihn der Einfachheit halber gar Zelda tauften, in Erinnerung an die berühmte Schriftstellerin und Ehefrau von Fitzgerald, die sich im Park zwischen ihren Nervenattacken spazierend aufzuheitern suchte. Alles in allem war man stolz mit diesem Truthuhn einen der berühmtesten lebenden Residenten für den Park gewonnen zu haben. Und als das Huhn auch noch den schweren Hurrikan Sandy 2012 unverletzt überlebte, wurde es geradezu ein legendärer Bewohner, welcher da so mysteriös einsam und still in den Baumwipfeln des Parks hauste. Tagsüber stolzierte er allerdings allen Vögeln voran wie ein Pfau, bekam die besten Bissen und wurde als Battery-Star am meisten fotografiert.

Leider stiegen so viel Glück und Ansehen auf einmal dem einfachen Grautier letztlich doch sehr zu Kopfe. So begann es sich auch um seine Zukunft Gedanken zu machen und wünschte sich ein gewaltiges Denkmal im Park mit ewiger Flamme wie es da eines für die Opfer des 9/11-Anschlags gab oder wie es für die Amerika-Immigranten errichtet worden war, nur sollte es noch viel größer und imposanter als diese beiden ausfallen. Da wurde Gott richtiggehend zornig über die Undankbarkeit der Wildtruthenne, die mit ihrem erfüllten Wunsch doch so ruhig und glücklich in Manhattan hätte leben können, um in hohem Alter ehrenwert und angesehen sterben zu dürfen. Aber Gott war kein Unmensch und so erfüllte er dem Großvogel auch noch einen weiteren, zweiten Wunsch, bevor er sich selber auf den Kennedy Airport begab, um nach Frankreich zu emigrieren, denn das Leben wie ein Gott war hier auf die Dauer doch einfach unbarmherzig. Nicht einmal ein winziges Fröschchen konnte man ungeniert zu sich nehmen.

Und siehe da, der zweite Wunsch ging wirklich in Erfüllung. So stolzierte das Wildtruthuhn eines Abends, als es vor lauter Krumen schon gar nicht mehr grade gehen konnte, arglos über die South Street. Wenn hier die Autofahrer nur ein wenig lieber vom Gas runter gehen würden, es hätte noch lange leben können. So aber wurde es nahe dem Pier 11 auf der Stelle überfahren, und zwar derart heftig, dass sich nur noch ein bloßes Häufchen plattgewalzter Federn auffinden ließ. Auf diese Art und Weise, war das wilde Huhn zu einem perfekten anonymen Opfer geworden. Die Behörden warten noch bis heute darauf, das berühmte Tier wieder auftauchen zu sehen und selbst nach allem schlimmen Werweisen besteht noch Hoffnung, es habe sich bloß in seine alten Stammlande zu seinen Verwandten aufgemacht. Andernfalls müsste man ihm wirklich noch ein riesiges Denkmal setzen: Für das tierische Straßenverkehrsopfer.

Das täuschende Schwänzchen

Sagen wir einmal so, mit rund zehn bis zwanzig Zentimeter Schwanzlänge ist vieles möglich, aber vieles bleibt auch einfach im Unklaren. Vielleicht wäre ja das Gewicht ausschlaggebender, aber seien wir ehrlich, wer nimmt es damit in New York eigentlich noch wirklich genau. Hier droht doch alles zu einer Frage des Übergewichts zu werden. Selbst in der Geschlechterfrage: je größer das Gewicht, desto verschwommener die Geschlechtskonturen.

So gesehen können wir den Schwanz von Charles G. Hugg, oder von Chuck, wie ihn die New Yorker liebevoll nennen, ebenso ruhen lassen wie ihn selber in allen Ehren, da er ja seit einiger Zeit nicht mehr unter uns Lebenden weilt. Oder doch? Von den Toten nur Gutes. Ja war er nicht ein großartiger Botschafter für die Jugend mit seinem Schwanz? Und hat er es nicht immer wieder allen Zeitgenossen gewitzt heimgezahlt, wenn sie ihn in seiner ruhigen Lebensweise auf Staten Island störten? Und diese Störungen nahmen von Jahr zu Jahr zu. Ein eigenartiger Unfug, den man sich da nämlich 1981 für Lichtmess ausgedacht hat. Seither reist der New Yorker Bürgermeister anfangs Februar jeweils nach Staten Island und weckt frühmorgens Chuck aus seinem tiefsten Schlaf, damit er mühsam die verklebten Augen reiben muss. Und so will es eben der neue Brauch: blinzelt Chuck in eitlen Sonnenschein, so soll der strenge Winter über New York in rund sechs Wochen endgültig vorbei sein. Das beschert sowohl dem Bürgermeister in seiner nicht gerade von Feiertagen geplagten Stadt eine wunderbare neue Auftrittsmöglichkeit, als auch dem zoologischen Garten, worin Chuck wohnt, zusätzliche Werbeeinnahmen.

Doch Chuck wäre nicht Chuck, hätte er sich gegen diesen unsinnigen Brauch nicht zu wehren begonnen. So hat das putzige Murmeltierchen angefangen, den allzu nervigen Bürgermeister jeweils in aller Öffentlichkeit zu bepissen und in den Arm oder die Hand zu beißen. Man musste regelrecht dazu übergehen, den elegant daherkommenden Bürgermeister mit hässlich gelben, groß gepolsterten Handschuhen zu versehen, damit der Daunenmantel den Anlass überlebt und die Tetanus-Impfungen sich in Grenzen halten.

Und so hat auch dieses Jahr anfangs Februar die Murmeltiertags-Zeremonie wieder stattgefunden. Der jetzige New Yorker Bürgermeister verfügt nicht nur über einen äußerst schönen und verfänglichen Namen, sondern hat noch bevor sein Namenspatron den Segen allen Halskranken und Fischgräte-Schluckern erteilt, dem Murmeltier Chuck regelrecht das Lebenslicht ausgeblasen. Er hielt ihn nämlich derart ungeschickt auf seinen Handschuhen, dass Chuck aus zwei Meter Höhe hinunterfiel wie ein grauer Plumpsack. Dabei legte er etwa auf der bürgermeisterlichen Sacktraghöhe einen Salto hin, wie die vielen gutgelaunten Zaungäste nie von so einem plumpen Tier erwartet hätten, um dann mortal unsanft vor dem eigenen umzäunten Schlafhüttchen zu landen, welches eine Investment-Bank nett mit Inseraten geschmückt hatte. Obwohl es seit je eine Angewohnheit dieser pfiffigen Tiere ist, sich vor ihrem Bau auf dem Bauch zu sonnen, so muss Chuck doch derart unsanft auf dem Winterschmerbauch gelandet sein, dass er rund eine Woche danach infolge innerer Verletzungen starb.

Ein Tod, der den Bürgermeister wie den Zoo in arge Verlegenheit brachte. Wie sollte man die Schuldlosigkeit des Bürgermeisters beweisen, um ihn weiterhin als tierliebenden Ehrenmann am Murmeltiertag einladen zu können und mit ihm auch alle Sponsoren und Werber, die sich über den Todessprung Chucks so sehr amüsiert hatten? Und wie soll man gleichzeitig all den kindlichen Zoobesuchern erklären, die ihn derart in ihrer Animalophilie lieb gewonnen haben, weshalb ausgerechnet der kleine entzückende Chuck nun plötzlich, ohne lange Krankheit für immer verschwunden sein soll?

Nun ist zum Glück die Schwanzlänge nicht ausschlaggebend bei Murmeltieren, also Männchen und Weibchen sehen von der Schwanzseite her gesehen geradezu gleich aus. Und so hat sich die Zoodirektion in der verzwickten Frage eine eigene Erklärung ausgedacht, weshalb Chuck immer noch lebe. Also man will den berühmten Charles G. Hugg im Vorfeld der traditionellen Zeremonie mit einem bis dahin unbekannten Weibchen namens Charlotte ausgetauscht haben. Auf diese Art und Weise hätte man hundertprozentig sicher gehen wollen, dass es zu keinen weiteren Murmeltier-Attacken auf den Bürgermeister kommen könne. Das muss ein derart klug wie gut getarntes Manöver gewesen sein, dass es dem Bürgermeister und den zahlreichen erwachsenen Zaungästen, die sich besonders für meteorologische Prophezeiungen interessieren, nicht weiter auffiel. Die so aufmerksamen Kinder, die sich nicht leicht täuschen lassen, waren wohl alle bei Sonnenaufgang bereits am Frühmorgengebet in der Kinderwinterkrippe.

Fest steht allerdings, dass der Staten Island Zoo über diesen tragischen Tod zunächst genau so wenig wie über die Vertauschungsaktion verlauten lassen wollte. Vielleicht finden Murmeltierweibchen ja nur allzu häufig im Zoo ihren Tod, wenn sie bei der Reinigung von einem Käfig in den andern wie eine Murmel geworfen werden, weil man sie ja nicht recht von den Männchen unterscheiden kann, was ihnen im Gegensatz zu ihren männlichen Artgenossen aber nicht immer allzu gut bekommt. Doch irgendwann ist es nach Monaten doch durchgesickert, dass da ein Murmeltier umgekommen sei, es war wohl numerisch nicht zu verbergen, schließlich wird das Murmeltier-Inventar doch für jeden Jahresbericht erhoben. Und kaum war der Unglücksfall an der Öffentlichkeit, so reagierte das Bürgermeisteramt umgehend, indem es jede Schuld am Todesfall dementierte. Chuck habe von sich aus die gelben Handschuhe des Bürgermeisters für einen mutigen Sprung verlassen, er sei überhaupt nicht dazu mit Schupsen ermuntert worden. Und im Übrigen sei die Todesursache ja tiermedizinisch nach so langer Zeit gar nicht mehr zweifelsfrei geklärt worden. Dies wiederum konnte die veterinärmedizinische Ehre der Zoodirektion nicht einfach so stehen lassen, indem sie festgehalten haben wollte, sie könnte sehr wohl bei ihren Zootieren die Todesursachen genau bestimmen und sie hätte alles nur Erdenkliche unternommen, damit das Tier (äh, welches nun? Welches Schwänzchen bitte?) nicht habe sterben müssen. Allerdings hat der Zoo letztlich doch wohl gepatzt: um festzustellen, ob es sich bei dem unterschobenen Tier wirklich um ein Weibchen handelte, nennen wir sie einfach Charlotte, so hätte man einwandfrei das Gewicht desselben im Todesrapport genau angeben müssen, denn bei den Murmeltieren ist alles an den Weibchen ein bisschen leichter als bei den Männchen. Klar, wer denkt an so etwas schon im aufregenden Tierleben New Yorks. Die Leiche von Charlotte ist jedenfalls so spurlos verschwunden wie Bin Ladens Körper im Persischen Golf. Und wenn alles sein recht Ding haben will, so sitzt auf Staten Island ein Chuck in seinem Zoo-Hüttchen, die Investmentbank hat es für dieses Jahr offensichtlich noch einmal als Immobilie stehen lassen, kringelt sein nicht zu vertauschendes Schwänzchen in der gemütlichen Wärme leicht hoch und murmelt zu seiner besseren Hälfte: Ach wie gut, dass kein Arsch davon weiß, welches Schwänzchen wirklich heiß.

Der ungestiefelte Kater

Ein kleiner Junge hatte als einziges Erbstück nach seinem Vater eine
Katze und ist durch sie Bürgermeister von London geworden. Was werde
ich durch mein Tier werden, mein Erbstück? Wo dehnt sich die riesige
Stadt?
(Franz Kafka im Zweiten Oktavheft)

Da mag einer in Queens noch so simpel Miller heißen und
seinem jüngsten Sohn einen Kater hinterlassen, um die
süßen Mäuschen nur so wegzustibizen, er macht mit solch
einem allzu bescheidenen Geschenk nach wie vor heutzu-
tage die erbberechtigte Jugend sehr traurig, denn was
lässt sich schon mit einem Kater anfangen außer rein gar
nichts, als ihn im East River zu ertränken. Oder ließen
sich gar noch ein paar schlechte Handschuhe aus seinem
Fell kriegen? Aber so lebensklug laut dieser Jüngste vor
sich hin gedacht haben mag, so schnell gestiefelt war der
ahnungsvolle Kater und blieb von nun an in dieser Stadt-
gegend auf immer verschwunden. Stattdessen wurde er
Jahre später in der Bedford-Stuyvesant-Gegend Brooklyns
wieder gesichtet, die ja trotz ihrer beeindruckenden Män-
ner-Mordrate gerne auch liebevoll Bed-Stuy genannt wird.
Die Einwohner dort gelten als die unglücklichsten von
ganz New York, denn ihre Lebensumstände sind nicht nur
immer prekär gewesen, sondern drohen auch infolge jeder
schlechten Neuigkeit aus Manhattan sich einfach noch
weiter zu verschlechtern. Und so musste ein ortsfremder
Kater in grauen Katzenpfotenstiefeln geradezu auffallen,
wenn er ganz selbstbewusst durchs Quartier strolchte.
Manch einer der alten Schnapsnasen hatte ihn schon
beim Erwachen neben sich entdeckt, wie er ganz lebhaft
auf einen einschnurrte oder miauzte. Der obdachlose Bert
will sogar eine Predigt gegen das elende Housing mitgehört
haben, es war von „Mousing" und „Mousing" immer wieder
die Rede und all das hat er dann auf den Quartierstraßen
auch gleich brühwarm wie populär weitererzählt. Speziell
dann, wenn es ums Jammern ging, dass der Grund und
Boden bereits nur noch den Investment-Bankern gehöre,
die ein neues Mittelschichts-Brooklyn heraufzuspekulieren

wünschten, eben dann erzählte er nur zu gerne seine Katzen-Geschichte, so dass die Zuhörer mit ihren Köpfen zustimmend nickten vor so viel tierischer Klugheit. Und gleichzeitig erfreuten sich die Leute an so einem klugscheißerischen Kater als neuen Quartiermitbewohner. Bert nannte ihn von nun an nur noch den King. Denn er habe wahrlich das richtige Zeug zu einem guten Bürgermeister und mehr. So einer werde hier schnell akzeptiert.

Doch mit all dem Gerede und den Gratis-Mahlzeiten, die Kater King nun bekam, erwuchs auch der Neid in diesem vom Elend gebeutelten Quartier, das mehrheitlich von Farbigen bewohnt wird. So geschah es, dass ein wegen krimineller Delikte schon mehrfach verhafteter 21jähriger glaubte, er müsse diesem Kater eine tüchtige Lektion in Sachen Anstand beibringen. Als denn die Katze wieder um das wohlriechende chinesische Fastfood herumschnurrte und lauthals ihren entsprechenden Anteil forderte, gab sich der Jugendliche zunächst ganz freundlich und versprach ihr etwas von seiner Mahlzeit abzugeben. Erfreut sprang der hungrige Kater herbei, doch da holte jener mit seinem roten Sportschuh aus und kickte die Katze wie einen pelzigen Fußball rund fünf Meter weit in ein Gebüsch. Und weil seine Freunde ebenso bösartig dachten, filmten sie diesen seltenen Torschuss und stellten ihn wie alles Erheiternde in dieser traurigen Welt sogleich auf das Videoportal YouTube.

Ohne Frage, mehr als eine leichtsinnige Idiotie oder Jugendbeschränktheit, denn sogleich schalteten sich die in jeder Hinsicht weißwestigen Tierrechtsaktivistinnen Manhattans ein und ließen den schwarzen Tierquäler aus Brooklyn umgehend verhaften sowie seine Freunde unter Hausarrest stellen. Die Verkommenheit dieses Rabauken ließ sich ja bereits daran ablesen, dass er während seiner grausamen Tat eine Zigarette geraucht hatte, ausgerechnet in dieser Stadt, was in jeder Hinsicht auf eine kranke Psyche schließen lässt. Dagegen wurde Kater King nach einer aufwendig verlaufenden Jagd durch die Polizei (ein gewisses Misstrauen gegenüber den Menschen ist ja wohl noch angebracht mit solch einer Vorgeschichte), Bert nannte es amüsiert das Räuber-und-Gendarm-Spiel, schlussendlich eingefangen und den Tieraktivisten zur Adoption übergeben. Der dem Gericht in Brooklyn wegen Tierquälerei vorgeführte Angeklagte, dem eine Gefängnisstrafe droht, zeigte sich zerknirscht reuig. Und auch seine Mutter betonte, wie tierliebend er immer gewesen sei, er habe auch nie etwas gegen Katzen gehabt. Leider sei es sehr schwierig, sich jetzt zu entschuldigen, da niemand wisse, wie Katzen eigentlich auf solche Angebote reagierten. Diese Tiere ständen doch im Ruf, sehr geizig in Sachen Gnade-vor-Recht-geben zu sein. Ein katzenhaftes Verzeihen sei in Natur ebenso wenig beobachtet worden, wie dass sie ihre Privatklos regelmäßig reinigten.

King aber tritt nun als geradezu riesige moralische Überkatze unerbittlich zurück: Der jugendliche Missetäter ist zum Spielball der Tierschützer geworden, indem sie einen dieser unglaublichen Scheiß-Stürme auf dem Internet gegen ihn entfachten, so dass ihm jetzt pausenlos entrüstete Tierliebhaber auf die Pelle rücken, ihn mit Höllenstrafenandrohungen bebloggen und sich ihm überall bedrohlich nähern, sei es an seinem Wohnort oder im Gerichtsgebäude. Eines ist ihm wenigstens jetzt ganz klar geworden: Tu ja nie einem New Yorker Tier etwas zu Leide! Und so gesehen hat sich der schwarze Jugendliche in einer schwierigen Gegend gleichsam auch seinen guten Ruf für die Zukunft mehr als verscherzt.

Auf der andern Seite ließ es sich Kater King in den netten Tierliebhaber-Kreisen Manhattans mehr als gut gehen. Ja, aufgrund des neuen Medienechos meldete sich sogar der junge Miller-Sohn wieder bei ihm, der bis dahin zu Hause gesessen hatte, den Kopf in die Hand gestützt und gedacht hatte, der Kater hätte ihm vielleicht doch noch etwas nützen können. Und er bat den Kater, doch wieder zu ihm zurückzukommen. Da warf ihm der Kater aber sogleich sein altes, grau gewordenes Paar Katzenstiefel vor die ungewaschenen Füße, schließlich ließe sich mit solchen plumpen Wildwest-Dingern ein Bürgermeister-Amt in New York wohl kaum wirklich erringen. Da hatte der Miller wenigstens etwas für den Vintage-Laden. Und die Damen und Herren Tierschützer feierten mit dem neu ausgestiefelten Miller in ausgelassener Fröhlichkeit, so dass er, wenn er nicht im Kater gestorben ist, sich ganz sicher an nichts mehr erinnern kann. Oder war da nicht bereits wieder ein neuer Schwarzer im Gefängnis gelandet? Er wusste es nicht, einfach nicht. Aber der ungestiefelte Kater soll sich neuerdings alle republikanischen Chancen für eine Kandidatur ins Weiße Haus ausmalen. Schließlich ist er kein Tramp mehr.

Die Traumtanzbärin

Wer den amerikanischen Schwarzbären oder Baribal, wie sie ihn hier nennen, kennt, der denkt ganz natürlich an ein plumpes, grobes Tier, das in gemächlichem Gang durch die Wälder und über die Felder humpelt, um sich irgendwo gemütlich auf seinen fetten Hintern plumpsen zu lassen, sich an einem Früchtetragenden Busch gütlich tut und dann einen gewaltig versöhnlichen Verdauungsfurz fahren lässt. Und doch geht die Sage, es habe da und dort auch schon einmal ein Schwarzbär ein Tänzchen voller bewunderungswürdiger Souplesse hingelegt, wenngleich vielleicht nur in abgelegensten Winkeln, wo es niemand von uns tanzkritischen Menschen je sah. In einem so abgelegenen Winkel New Jerseys fand jedenfalls einmal eine junge Schwarzbärin ein einsames Häuschen, wie es die hablicheren New Yorker in den heißen Sommermonaten nur allzu gerne aufzusuchen pflegen. Und wie sie sich so am Fenster aufrichtete und ins Wohnzimmer nach Honigbüchsen äugte, so sah sie dort über dem karierten Sofa einen hübsch bunten wie dekorativen Stich hängen. Sie konnte sich daran gar nie richtig sattsehen und kam deswegen Tag für Tag wieder, nur um für einen kurzen Moment auf das Bild im Living Room starren zu können. Das ging nicht lange, da wurde sie von einem ihrer Geschwister verpetzt und es kam alles den Bäreneltern zu Ohren, die ihr wiederum eins oder zwei mit der Tatze um die Öhrchen gaben, dass sie davon halb ohnmächtig wurde. Sie solle sich gefälligst nicht in menschliche Kunst vergaffen und schon gar nicht in ein Bild, zumal wenn da noch so

etwas Absurdes wie zwei tanzende Schwarzbären darge-
stellt wären. Tänzer sei ein unwürdiger Beruf für einen
freien Ursus Americanus! Schwarzbären tanzen nicht, und
damit basta!

Doch spätestens von diesem Moment der elterlichen
Strafpredigt an war der jungen Bärin eines klar geworden,
dass sie nur noch den Beruf einer Tanzbärin ergreifen wol-
le. Die Eltern versuchten es mit allem kleinzureden. Ein
solcher Beruf sei mehr als brotlos und im Übrigen in den
Vereinigten Staaten auch streng verboten. Sie solle klüger
die Bärenpfoten davon lassen. Doch alle Drohungen, War-
nungen und Bitten schlug die Tochter hartnäckig wie
starrköpfig in den Wind. Und als sich ihre Eltern ins Win-
terschlafbett begeben hatten, machte sie sich auf und da-
von. Zunächst ging es über Stock und Stein Richtung
Küste, weil sie zu Recht vermutete, dass es für eine Tanz-
schule nicht dichte Wälder, sondern offene ebene Rasen-
flächen brauche. Und je weiter sie sich von zu Hause ent-
fernte, desto mehr Vögel und Mäuse erzählten ihr von New
York und dem dortigen Tanzleben. Im Kulturleben gehe es
dort höchst traumtänzerisch zu und her.

Und also wanderte sie in Richtung New York und ge-
langte über Umwege und mit dreisten Schlichen, meist in
den schummrigsten Stunden, über die Bronx in den Fort
Tryon Park. Das war nicht ganz einfach gewesen, die vie-
len Menschen mit aufrechtem Gang zu täuschen, um
vielerorts für einen verstörten Obdachlosen in verwegener
Pelztracht gehalten zu werden. Aber es gelang ihr letztlich
doch derart gut und überzeugend, dass ihr einmal sogar
bei einem Motel gratis ein American Breakfast auf die Ter-
rasse gestellt wurde. Selbst den Coffee to go schlug sie
dabei nicht aus. So gesehen waren auch von nun an die
immer häufiger auftauchenden Parkwächter und Gärtner
kein eigentliches Problem.

Da wollte es aber der Zufall, dass ein gebildeter wie zer-
streuter Tourist seinen Katalog des Metropolitan Museum
of Art infolge einer Verwechslung mit einer leeren Pizza-
Schachtel in der gleichen Cloister-Museum-Tragtasche in

einen Abfalleimer im Park entsorgt hatte. Ein fataler Irrtum, den er erst viel später im Hotelzimmer wirklich bemerkte, zu einem Zeitpunkt, wo es allerdings bereits zu spät war, noch einmal vor der abendlichen Parkschließung durch ganz Manhattan hochzufahren. Er tröstete sich mit dem morgigen Tag. Aber da hatte er nicht mit der jungen Bärin gerechnet, die nun die liebe lange Nacht mit aller Genauigkeit den Katalog durchschnupperte, was bei den ungeschickten Tatzen nicht ganz ohne Eselsohren abging. Denn sie war darin auf eine Abbildung gestoßen, wo ein Lehrer einem Bären in ihrem Alter das Tanzen beibringt. Das war es ja genau, wonach sie verlangte und so lange gesucht hatte und sie sehnte sich gleich nach diesem abgebildeten Tanzlehrer. Und wie sie die Vögel und Mäuse im Park befragte, so bezeichneten diese bereitwilligst in ihrer verschlafenen Art die Lage des Museums beim Central Park. Ohne auch nur einen Moment zu zögern eilte sie am ihr beschriebenen Hudson-Ufer entlang die Halbinsel hinunter, erkannte die Lincoln Towers und bog dann im Dunkeln in die 70. Straße links ein.

Aber was hatten ihre Eltern nicht abgeraten. Genau in diesem Moment raste der berühmt berüchtigte Brooker-Bulle von der Wall Street in seinem schwarzen Hochkonjunkturmobil mit abgedunkelten Scheiben heran, der auf den Teufel nicht die alles Geld zunichtemachenden Rezessions-Bären ausstehen kann. Er sah die Bärin, gab Vollgas und traf sie mit seiner Stoßstange genau auf die Schnauze, so dass sie bis in die 69. Straße flog. Dann erst bremste er, fuhr zu der auf der Straße Daliegenden, stieg aus und atmete erst wieder beruhigt auf, als er sah, dass die Bärin überhaupt nicht mehr schnaufte. Da stieß er sie mit seinen Hörnern vorwärts und warf sie in hohem Bogen weit in den Central Park hinein. Wieder einmal war eine bedrohliche Rezession abgewendet worden. Um den Kadaver zu verbergen, der einen Tag später von einem Chihuahua-Schoßhündchen namens Paco entdeckt wurde, wofür es ein Wochenende im Waldorf Astoria zur Belohnung erhielt, natürlich nur zusammen mit seiner Besitzerin, warf der Bulle noch ein herumliegendes blaues Miet-Fahrrad hinterher. Da lag nun die tote Bärin, die einen abenteuerlichen Großstadtspaziergang gewagt hatte, den kein Bärenexperte bis dahin für möglich gehalten hatte. Der letzte Bär in Manhattan war schließlich im 17. Jahrhundert gesichtet und erschossen worden, ganz abgesehen von einem einmaligen wie mysteriösen Auftauchen 2011 eines einzelnen abgeschnittenen Bärenglieds mitten auf einer Wiese in Queens. Und gerade dieser gewagte Gewaltmarsch hätte noch Großes für die Zukunft der Bärin als Lauf- und Tanzkünstlerin versprochen. Vielleicht so etwas Großartiges, wie die 1937 fertiggestellte Tanzbär-Skulptur von Frederick George Richard Roth im Central Park in aller Könnerschaft zum Ausdruck bringt: eine Bärin, die wie eine Cinderella zu den Sternen hinauftanzt. Die Vögel mögen es auf ewig von allen Bäumen singen, das Loblied auf eine derart begabte Bärin, die nun nur unweit dieser berühmten Statue in Frieden ruhen muss. Der böse Brooker-Bulle von der Wall Street konnte allerdings von der Animal Cruelty Investigation Squad nie wirklich als Bärentöter ausfindig gemacht werden. Allein es geht die Sage unter den Ratten, dass wenn er nicht gestorben ist, so doch mittlerweile ganz familiär in einer schmucken Corned Beef-Dose mit Aussicht auf den Hudson haust, wenn nicht gar auf den Potomac River in Washington.

Full House

Vor langer Zeit verlebten einmal zwei Poker-Kartenspiele ein ziemliches Lotterleben in Harlem. Sie lagen in einem Laden einer Großhandelskette und teilten sich wie gute Tippelbrüder alles miteinander: das enge Gestell von Bett, worin sie lagen, das satte Essen und Trinken, wovon sie träumten, aber auch den Gewinn und den Verlust zukünftiger Spiele, worauf sie warteten. Doch alles in allem sprang nicht gerade viel mehr als die ewige Warterei dabei heraus. Kaufen wollte sie niemand. Und an ein Bier oder sonst etwas Erfreuliches war unter solchen Umständen überhaupt nicht zu denken. Sie lagen Tag und Nacht im Gestell und es wurde ihnen bitter langweilig dabei. Wie sie eines Tages so ihren tristen Alltag überschlugen, da verzweifelten sie geradezu über ihre seelische Armut und dachten über das Auswandern in den Columbus-Park nahe dem lukrativen Finanzdistrikt Manhattans nach, wo die Chinesen so gerne ihre täglichen Gewinnspiele untereinander in aller Öffentlichkeit abhalten. Dahin wollten sie sich mit viel Glück gegenseitig hinunterspielen gegen einen imaginären Gegner.

Gesagt getan, sie mischelten sich also und verteilten sich anschließend auf zwei Häufchen zu je dreizehn Karten. Als das erste Spiel anging, hoben sie einen Joker auf, hatten vier Karten zum Hinauslegen und gelangten so bis in den Bus Terminal in der 40. Straße. Mit drei weiteren ganz niedrigen Karten erreichten sie die Penn Station. Da waren sie schon sehr froh, bereits so tief nach Manhattan hinein vorgeprescht zu sein und pennten sich in aller Ruhe noch ein wenig aus von der gewagt langen Reise. Als sie wieder erwachten, sahen sie sich um und hätten beinahe vor lauter Staunen über all das Neue vergessen, wieder eine Karte aufzunehmen. Und da es jetzt wieder ein Joker war, den sie da vorlegten, beschlossen sie noch einmal mit vier Karten rauszukommen und mit diesen 50 Punkten bis in die Mitte des Empire State Buildings hinaufzufahren, zu mehr reichte es eben gerade noch nicht. Von nun an nahmen sie voller Hoffnung auf einen guten Höhengang eine Karte nach der andern auf, um gemeinsam den Rest der notwendigen Stockwerkpunkte für die Liftfahrt nach oben auf die Spitze zusammenzubringen. Aber was immer sie an Karten aufnahmen, es wollte und wollte sich kein richtiges Glück mehr einstellen.

Im Gegenteil, nun begann nämlich das zweite Häufchen alle seine Karten auf einmal herauszulegen und so lagen sie ganz unverhofft mit doppeltem Verlust in der Hochhaus-Mitte fest. Da versuchten sie noch einmal ihr Glück und begannen ein zweites Spiel. Doch vielleicht lag es am höher gelegenen Spielort, ihre Karten wogen immer zu leicht und das Warten auf Besseres immer zu schwer. Und wie sie sich mit hochrotem Kopf alles auszurechnen versuchten und fluchten und mit den gezinkten Zähnen knirschten, da legte ganz unverhofft das gegnerische Häufchen wieder alles inklusive Joker auf einmal heraus.

Jetzt standen sie wie mit abgesägten Hosen im Building da, ganze 250 Punkte im Rückstand und guter Rat war wirklich sehr teuer. Sie wussten weder ein noch aus. Und die vielen Feuertreppen hinabzuschleichen, am Porter vorbei, trauten sie sich auch nicht recht.

Da wollte zum Schluss doch noch ihr Glück, dass ein südamerikanischer Mafioso, der seine Braut aufs Empire ausgeführt hatte, als er aus dem Lift trat, die beiden Kartenspiele traurig und geradezu vor Sorgen erschlagen daliegen sah. Er sprach sie an, ließ sich von ihnen ihr Unglück schildern und hatte auf einmal großes Mitleid mit ihnen. Er nahm sie ohne großes Kartenlesen mit nach Queens, wo sie noch heute ihren Minusstand täglich in seiner illegalen Spielhölle abarbeiten. Der Traum vom schönen Leben in Manhattan ist längstens ausgeträumt und wenn sie nicht schon ganz abgegriffen sind, so leben sie immer noch als altes Poker-Paar in der Nähe von Jackson Heights und schlagen sich mit einem Rollator und einem Gehstock wacker durchs zittrige Altersspiel.

Der Hundeführer von Tribeca

Einmal ließ sich in Tribeca auf Manhattan ein nicht sehr wunderlicher, eigentlich ganz normaler Mann sehen. Er trug ein vierfarbiges T-Shirt, blaue Shorts und dazu weiße Turnschuhe. Man nannte ihn Rye, weswegen wusste eigentlich niemand so recht, denn eigentlich hieß er ja richtig Holden Caulfield, aber er versprach auf jeden Fall gegen ein bestimmtes Entgelt, alle Hunde im Quartier zweimal täglich auszuführen, und zwar derart perfekt, dass sie ganz bestimmt mit entleertem Darm und Blase zurückgebracht würden. Und er war in der Tat ein genialer Hundehüter, so dass er täglich rund fünfzehnmal am Vor- und Nachmittag jeweils bis zu einem Dutzend Hunde durchs Quartier erfolgreich zum kleinen wie großen Geschäft brachte. Und zwar machte dies wohl sein fröhliches Pfeifen aus, dieses schöne schottische Lied „Nehmt Abschied Brüder, ungewiss". Das sagte den Hunden gleich sehr zu, dass sie sich von ihm brav an die Leine nehmen ließen, mit ihm liebend gern aus den einsamen Wohnungen raus zu den Bäumen, Trottoir-Rändern und auf die Hundespielplätze mitkamen ohne mit ihren Artgenossen gleich ein Hundeleinen-Durcheinander anzurichten. Ja, sie griffen in der Regel nie andere Hunde an, wedelten mit dem Schwanz, wenn Passanten sie streichelten und warteten gelassen, wenn einer ihrer hündischen Gefährten irgendwo das Bein nicht mehr auf dem Boden halten konnte. Das Loblied der Hundebesitzer tönte durchs ganze Quartier. Rye gefiel als professionelle Hunde-Nanny außerordentlich und seine Einkünfte fielen entsprechen stattlich aus.

Doch eines Tages verweigerte ihm ein neu zugezogenes Ehepaar den ausgemachten Lohn unter allerlei Ausflüchten, indem sie ihm vorwarfen, er gehe gar nicht wirklich 20 Minuten Gassi mit ihrem Hund und bevorzuge andere Köter, so dass ihr eigener schon mehrmals in der Wohnung eine kleine gelbe Lache und zum Teil noch Schlimmes hinterlassen habe. Rye ließ diese Vorwürfe nicht auf sich sitzen und ging zornig und erbittert fort. Einen Tag später, exakt auf den Johannis und Pauli Tag, erschien er wieder, doch diesmal in schwarzem Kostüm mit einem schrecklichen auf den Kopf gestellten Kreuz auf der Trainerjacke. Aber dies hatte offensichtlich niemand wirklich gesehen, sondern man wollte sich später nur an ein gar unübliches falsches Pfeifen von ihm erinnern. Und erst ganz spät abends begannen sich einige Hundebesitzer zu wundern, weshalb denn Rye mit ihrem Hund noch nicht vom Spaziergang zurück sei. Da liefen die Hundehalter haufenweise vor ihre Türen und suchten mit betrübtem Herzen ihre Hunde. Die Frauen erhoben ein jämmerliches Schreien und Weinen und die Männer riefen und riefen die Namen ihrer Hunde mit Tränen in der Stimme. Von Stund' an wurden Polizisten zu Wasser und zu Land an alle Orte herumgeschickt zu erkundigen, ob man die Hunde oder auch nur etliche von ihnen gesehen, aber alles vergeblich. So waren im Ganzen hundert und dreißig auf einen Schlag verloren gegangen. Zwei Kampfhunde sollen, wie einige sagen, sich verspätet und doch noch zurückgekommen sein, wovon aber ein Hund blind und der andere ohne

Stimme gewesen, also dass der blinde den Ort nicht hat zeigen, aber wohl für Menschen unverständlich daherbellen können, dass sie mit dem Hundeführer ganz munter losgezogen seien; der stumme aber den Ort mit dem Schwanz gewiesen und wie er sich jetzt wieder freue zu Haus' zu sein. Ein Schoßhündchen soll ohne Leine mitgelaufen sein, so dass es umkehrte sie zu holen, wodurch es dem Unglück ganz offensichtlich entgangen, denn als es zu den andern auf den Dog Run zurückgekehrt, waren diese schon nicht mehr zu sehen und zu riechen. Einige sagen, Rye sei mit ihnen allen in einem Lastwagen Richtung Bronx davongefahren, andere erzählen, man vermute ihre Blasen und Mägen in den Kochtöpfen von Chinatown. Auf jeden Fall wurde auch Rye nie wieder gesichtet. Und seither geht die Sage, man solle einem Hundehüter stets seinen vollen Lohn inklusive New York-Tax zahlen. Andernfalls pfeife er falsch oder gebärde sich sonstwie überaus verhaltensauffällig mit den Hunden. Und falls jemand dennoch Rye antreffen sollte, so soll er ihn doch bitte nach dem Schicksal der Hunde befragen.

Die beiden Brücken

Einmal als alle Dinge in New York noch die gleiche Sprache sprachen, gerieten zwei der elegantesten Hängebrücken aneinander. Die Brooklyn Bridge warf der Throgs Neck Bridge vor, sie verlaufe doch eigentlich viel zu verspielt zwischen Queens und der Bronx, sie hingegen führe auf einer geradezu klassischen Geraden von Brooklyn her ins Manhattan der wolkenkratzigen Hochfinanz. Die Throgs Neck war zunächst über diesen Vorwurf sehr überrascht wie empört, schließlich hatte ihr Erbauer mit der geschwungenen Rampenform ja speziell den Autofahrern jegliche Angst vor dem Wasser in der Tiefe nehmen wollen, wenn sie sechsspurig darüber hinwegfahren. Sie wackelte also streitlustig mit ihren Rundungen und meinte schnippisch, sie sei ja immerhin mit dieser ausgezeichneten Form mehr als doppelt so lang, und stolz zeigte sie auf ihre langen Brückenbeine. Die Brooklyn Brücke zuckte über diese mageren Beinchen nur mit den dicken Stahlseilen und rief lauthals den East River hoch, dafür werde sie von viel mehr Menschen geliebt. Sie würde täglich von 15000 Fahrzeugen mehr überquert als es das läppische Rinnsal von Tagesverkehr ausmache, was da der andern nicht einmal zwischen den gespreizten Beinen durchlaufe. Die Geneckte ließ nichts auf sich kommen und replizierte ebenso herausfordernd, dass ihr Bauschmuck dafür rund 70 Millionen Dollar mehr an Wert habe. Darüber konnte die BB wiederum nur hämisch auflachen. Was wolle sie sich ihr schönes Stahlhaupt noch sinnlos mit einem Kranz aus Papiergeldnoten schmücken. Sie trage stattdessen eine Korsage viel höherer Art und sehe damit auch stolze 100 Meter größer aus. So etwas könne sich natürlich ein derartig neumodisches Brückengestell gar nicht vorstellen, wenn es sich weiß was nicht was auf das Tragen von Schönheitsstahldrähtchen einbilde. Sie hingegen könne auf alles herabschauen, ohne den Brückennacken dabei verkrampfen zu müssen. Gegen all das wandte die andere sogleich ein, dass ihr Bau schon nach vier Jahren fertiggestellt gewesen sei und nicht dreizehn unendlich elendiglich lange Jahre beansprucht habe. Oha, das Schnellbauverfahren merke man aber dem läppisch jugendlichen Körperbau auch sehr gut an, meinte die andere, denn weshalb müsse sie offensichtlich pausenlos geliftet werden. Na, wenn sie um jeden Preis ihr Oldie-Outfit nie wechseln wolle, tönte es lauthals zurück, dann solle sie doch ihr Uralt-Traggestell behalten, bis es selbst für die Sammlung im Brooklyn Museum zu spät sei. Das komme ihr ja alles derart fad und altbacken vor, wie man damals das Brückentraggewicht noch mittels Zirkuselefanten habe feststellen müssen. Und wäre damals gar noch General Tom Thumb auf einem von ihnen mitgeritten, so hätte das wohl sicher ausgereicht, um die Brücke zum Einsturz und damit endgültig in die Brücken-Desaster-Geschichte zu bringen. Die Brooklyn Bridge lachte bloß böse auf. Ja die neckische Throgs sei wohl alles andere als wirklich tragfähig, schließlich wolle sie ja kaum einer überqueren, keine Radfahrer, kein einziger Fußgänger und mittlerweile nicht einmal mehr schwere Lastwagen. Vielleicht sähen die da von der Stadtverwaltung lieber schon eine ganz und gar neue Brücke.

Und so ging das in einem fort hin und her, bis schließlich die Brooklyn Bridge mit einem triumphierenden Lachen sagte, dass sie die allergrößte Sehnsuchtsbrücke sei, die es in der Welt überhaupt gebe. Und zwar nicht nur für Liebende, nicht nur für abenteuernde Naturkinder wie Tarzan, sondern auch für hunderte von Selbstmördern, die hier schon ihre Todessehnsucht gestillt hätten. „Do a Steve Brodie" heiße es doch heute noch, wenn jemand etwas Spektakuläres und Gefährliches wage, wie der gleichnamige Buchmacher und Zocker Brodie im Jahr 1886, der wegen einer Wette angeblich den Todessprung sogar überlebt haben will. Und da schluchzte die Throgs Neck Brücke auf einmal laut auf und konnte mit ihren Tränen nicht mehr zurückhalten, weil sie erkennen musste, dass die Menschen sie wirklich weniger liebten, denn in der Tat, gingen über sie überhaupt keine Liebende und fast keine Selbstmörder, die von ihr den allerletzten Sprung tun wollten. Und während die beiden Brücken derart lange lachen und weinen mussten, verging ihnen die Sprache und sie standen da am East River wie zwei imposant versteinerte Streitende, die nie mehr ein Wort miteinander wechseln können.

Das ist nicht so traurig, wie es klingt, denn dafür reden und telefonieren jetzt wenigstens die Menschen in New York doppelt so viel und wenn man es genau nehmen will, so reden sie häufiger von der Brooklyn Bridge als von der Throgs Neck Brücke. Es scheint, als hätte sich der Streit der Brücken auf diese Weise längst von selber entschieden. Allerdings finden sich einmal im Jahr die von der Throgs Neck Bridge heruntergetropften Tränen unter der Brücke wieder ein, und zwar in Gestalt von Tümmlern. Und wenn die Menschen von Queens oder der Bronx die zu Delphinen gewordenen Tränen bewundern, wie sie elegant ausgelassen über die Wellen der Bay springen, so sind mit einem Mal alle uralten und steinharten Brückenstreitigkeiten vergessen. Dann muss selbst die Throgs Neck im tiefsten Herzen wieder fröhlich aufkeckern, wenn sie sich ausmalt, wie die arrogante Brooklyn Bridge sich solch ein wunderschönes Delphintreffen wohl noch so gerne wünschte. Doch ihr fehlten dafür schlicht und einfach die Tränen. Nur ihr böses Lachen klingt noch heute nach im Fahrradklingeln, dem ungeduldigen Autohupen wie Bremsen und im Lärm der Hubschrauber-Rotoren, wenn diese von und zu den Airports durch die Luft über der Brücke tanzen.

Die vertane Idee

Es war einmal eine Schriftstellerin, die schrieb in vollem Ernst, sie habe keinen einzigen Schmetterling in New York gesehen. Also das schrieb sie einfach so hin, weil man eigentlich so vieles in New York gar nicht sieht. Man sieht nicht, wo die Squirrels ihr Bettchen machen, von woher die Kakerlaken wirklich einwandern, wie die Alligatoren oder Finanzhaie in der Kanalisation hausen und selbst kleine Eidechsen auf dem schwarzen warmen Schiefer Manhattans sieht man nie herumhuschen und so weiter und so fort. Man sieht in dieser märchenhaft schönen wie lebendigen Stadt ja wirklich stets weniger als man eigentlich zu sehen meint. So gesehen stand dieser Satz über das Fehlen von Schmetterlingen in New York in einem der vielen Bücher der Schriftstellerin gedruckt nachzulesen einfach ganz gedankenlos da. Und die vielen Lesenden, junge wie alte, dachten, dass es doch eigentlich ganz klar sei: In einem so naturfeindlichen Hochhaus-Klima kann es gar keine zarten Butterflies geben. Und sie legten das Buch beiseit', mochten wohl den Inhalt über die Jahre vergessen, kauften neue Bücher der Schriftstellerin und konnten darin wieder von ganz andern Dingen lesen, die da im Ernst oder Halbernst doch nie wirklich gesehen worden waren. Denn die Schriftstellerin nahm es stets genau mit der Wirklichkeit, betonte also, dass sie noch nie von einem Tiger in Afrika gehört habe, bezweifelte grundsätzlich die Existenz eines Yeti im Himalaya und hatte noch nie riesige Mückenschwärme in Helsinki gesichtet und so weiter und so unendlich lange weiter. Ich mag das hier jetzt gar nicht alles anführen.

Da kam eines Tages ein Postbote zur Schriftstellerin, den sie noch nie im Quartier gesehen hatte und der sie doch an eine bekannte Persönlichkeit erinnerte. Er brachte ihr einen Brief ohne Absender, aber mit schön altmodisch verfasster Anschrift. Sie konnte es fast nicht glauben, die Schriftstellerin, so lange hatte sie keinen richtigen Brief mehr bekommen. Und wie sie den Briefumschlag etwas ungeschickt aufriss, entströmte ihm ein unwahrscheinlich betörender Duft, so eine Mischung aus Honig, Kardamom und Macadamia, dass sie gar nicht recht wusste wie ihr geschah. Kaum hatte sie davon gerochen, so fiel sie auch schon in einen tiefen Schlummer.

Ihr träumte auf einmal, sie werde in einem altmodischen S-Bahnwagen über die Brooklyn Bridge gezogen, wo sie nie zuvor durchgefahren war. Amerikanische Literatur las sie eigentlich fast nie, obwohl sie eine Vielleserin war, und es sah fast so aus, als entspreche ihre dürftige Lektüreliste, der des jetzigen Nobelpreiskomitees. Aber das ist eine andere Geschichte und vielleicht irre ich mich ja auch. Sie wunderte sich jedenfalls, wie sie da so ganz selbstverständlich in einem alten Zug traumhaft durch Brooklyn rumpelte um an der Endstation schließlich auszusteigen. Sie ging durch viele eiserne Tore hindurch, fand sich in einer ganz öden Vorortgegend wieder und lief dennoch ohne zu zögern die heillos reparaturbedürftige Straße mutig hinab, die zwischen erbärmlichen Take away-Hütten und dem in Jahrzehnten willkürlich und unwillkürlich angehäuften Schrott lag, wo einst das imposante Half-Moon-Hotel gestanden hatte und der große begehbare Elefant. Dann stieg sie wie selbstverständlich eine Holztreppe hoch und war plötzlich am schönsten Strand mit weitem, tief blauem Meer im Hintergrund. Sie jauchzte vor Glück auf und musste gleich die Schuhe ausziehen, um barfuß über den warmen weißen Sand zu gehen, vorbei an den lustig im Wind flatternden roten Fahnen.

Mit einem Mal kam von oben, ganz in Orange und Schwarz, ein Schmetterling edel daher gefächelt. Wie wunderte sie sich, dass er derart groß war. Und da kam auch schon von der andern Seite ein weiterer auf sie zu geflattert. Es wurden von Mal zu Mal mehr. Sie stand inmitten von einem Schwarm buntester Schmetterlinge. Die setzten sich ihr aufs blonde Haar, auf die Augenbrauen, die Nasenspitze und Ohrmuscheln, auf die Schultern, hängten sich frech an Brüste und Beine oder lagerten sich gemütlich auf den nackten Füßen voller Sand. Ja diese Schmetterlinge wollten alle an ihr haften bleiben, so dass es nicht lange ging und sie in einen goldig schimmernden Mantel von Falterstoff eingehüllt war wie ein hoher katholischer Würdenträger. Leider wurde ihr ein bisschen mulmig dabei zumute und schon erwachte sie, denn sie war ein äußerst ängstlicher Mensch. Wie sie nun erwachte, da sah sie, dass alles zerstoben und verflogen war, sie nur mit müdem Kopf an ihrem Schreibtisch saß, ohne einen einzigen Schmetterling und ohne auch nur einen Briefumschlag in der Hand zu haben. Da musste sie sehr über sich selber lachen, dass sie so tief hatte schlafen und derart absurd träumen können.

Erst viel später bereute sie es, dass sie nicht einfach weitergeträumt hatte. Denn jeder, auch ich, dem sie von nun an ihren entzückenden Traum erzählte, sagte sofort: Das war Coney Island, wovon du geträumt hast. Da hat es ganz viele Monarchenfalter im September, die auf ihrem langen Weg von den Großen Seen ins mexikanische Winterparadies eine kleine Verschnaufpause einlegen müssen. Manchmal kannst du sie sogar im New Yorker Central Park antreffen. Das muss ja wahnsinnig schön sein, so etwas von Coney Island zu träumen. Da erinnerte sich die Schriftstellerin, dass der beleibte Postbote im Traum sie so ganz skeptisch mit hochgezogenen Augenbrauen und verkniffenem Mund angesehen hatte, genauso wie manchmal der Schriftsteller Nabokov im Alter auf Fotos posiert hatte. Sie musste ein zweites Mal laut auflachen über ein solch albernes Traumgesicht. Und wie sie es überhaupt nicht gemerkt hatte, dass sie all das nur geträumt hatte.

Da sie sehr vergesslich war, nahm sie ein Blatt Papier zur Hand und schrieb ohne groß zu überlegen ein paar Zeilen darauf. Ich bin ja nicht wirklich dabei gewesen, um es hier aufs Genaueste wiedergeben zu können, aber ich habe das Gefühl, sie notierte sich einfach stichwortartig in ein paar Zeilen die Idee für einen Schmetterlingstraum, um sie nicht gleich wieder zu vergessen:

weit aus dem fenster lehnen
und sehnen und sehnen
mit den fühlern einer schriftstellerin
wie schwankend die welt geht
eine katze im schlaf schnauft
und ein fernfahrerherz brummt
auf dem highway des himmels
in winzigen flügelschlägen
falter mexikos sonne entgegen

Ja, irgendwie so muss sie es sich notiert haben. Ganz sicher bin ich nicht, aber die Schriftstellerin schrieb sich ihre einmaligen Ideen immer auf diese eigentümlich poetische Weise auf. Und hätte ich sie gefragt, ob sie denn eine wahre Poetin sei, so hätte sie wohl zum dritten Mal laut aufgelacht als ausgemachte Prosaistin. Aber stattdessen steckte sie das Blatt mit dem Aufnotierten einfach in einen Briefumschlag und schrieb darauf: Danaus Plexippus, Fairy Tale, Great Lakes. Das blieb dann tagelang auf dem Schreibtisch liegen, bis ich einmal Ordnung machen musste und den adressierten Brief in einen der blauen Briefkästen der Stadt einwarf. Das gab aber eine schöne Schelte als sie es anschließend bemerkte: Ich sei ein ausgemachter Dummkopf und hätte ihre Notiz für eine neue wunderbare Kindergeschichte einfach weggeworfen. Und als sie dann noch vom Briefkasten-Einwurf erfuhr, da wurde ich auf der Stelle mit Schimpf und Schande davongejagt. Einen solch unfähigen Sekretärsburschen habe sie ihrer Lebtage noch nie gesehen. So zog ich denn mit leeren Händen von dannen, auf etwas märchenhaft Neues hoffend, während die verärgerte Schriftstellerin weiter vor sich hin keifte, dass man ihr eine derart schöne Prosa-Idee derart schlimm versaubeutelt habe. Und wenn sie damit nicht aufgehört hat, so schimpft sie noch heute darüber. Ich geb' hier alles nur wieder, wie es sich eben ereignet hat.

Zwei Glückliche kommen durch Manhattan

Es war einmal ein armes Squirrel-Männchen, das saß bei seinem kahlen Baum und wischte erschöpft ein paar Erdkrumen weg, und das Weibchen saß neben ihm und spann ein wenig Winterpelz. Da sprach er: „Wie ist es doch so traurig, dass wir zwei so brave Kinder haben und hier auf dem Winston Churchill Square solch große Not bis in alle Winkel hinein erleiden und fast nichts für uns selber zu beißen." Da sagte das Weibchen: „So führ die beiden doch hinaus ins Dickicht Manhattans, gib jedem von ihnen noch einen Nuss-Bissen und überlass sie sich selber. Sie werden den Weg nach Hause in dem dichten Verkehr bestimmt nicht mehr finden, oder ein Hund wird sie auf seinem Dog Run wohl totzubeißen wissen, oder sie werden von einem lauernden Alligator als Beute auf der Avenue of the Americas in ein Gulli gezogen, im Riverside Park von einem Coyoten zu Tode gehetzt, oder eine vom Trump Tower geworfene Münze erschlägt sie mitten auf dem Gehsteig, und eine Hexe von Kürschnerin in Midtown wird sie ganz schnell in ihr Verkaufslädchen sperren, bis sie den Schwanz für ein Kinderpelzmützchen gelassen haben, und wir sind sie hier dann endgültig für immer los." „Nein Frau", sagte der Mann, „das tue ich nicht; wie sollt ichs übers Herz bringen, meine Kinder allein im gefährlichen Manhattan zu lassen." „O du Närrchen," sagte sie, „dann müssen wir eben alle Hungers sterben, wenn du willst, kannst du jetzt schon die Bretter für die Särge nagen." Sie ließ ihm aber keine Ruhe, bis er endlich einwilligte. „Aber die armen Kinder dauern mich doch", sagte er.

Als der Tag anbrach, noch ehe die Sonne zwischen den Häuserlücken richtig aufgegangen war, kam das Squirrel-Weibchen und weckte seine beiden Jungen. „Steht auf, ihr Faulpelze, jetzt heißt's in Manhattan nach großen Nüssen Ausschau halten." Dann gab sie jedem von ihnen ein weichgekautes Stückchen Haselnuss-Mus. „Da habt ihr was, weiter kriegt ihr heute nichts." So machten sich alle zusammen hungrig auf den Weg nach Midtown. Dort hielten sie Rast und der Vater schickte seine Kinder aus, nach großen Nussbäumen Ausschau zu halten. Sie suchten und suchten, fanden aber rein gar nichts, nicht einmal eine einzige Nuss-Schale, und als sie gegen Abend zurückkamen, fehlten die Eltern, ganz spurlos hatten sie sich davongemacht und blieben wie vom Erdboden verschluckt. Da war guter Rat teuer. Aber sie ließen sich nicht irre machen und beschlossen, es solle jedes von ihnen für sich im Licht des Mondes noch einmal losziehen, um vielleicht doch noch etwas Brauchbares für eine Mahlzeit zu entdecken, wenn nicht gar Vater und Mutter wiederzufinden. Und so trennten sich die Geschwister nur schwer unter Tränen, indem sie in ganz verschiedene Richtungen aufbrachen.

Das Glück war ihnen dabei mehr als hold, denn sie fanden zwar ihre Eltern nicht mehr wieder, dafür nach längerer Wanderung jeweils ein genügend großes Auskommen. Das ältere Kind stieß zufällig hinter einer McDonald's-Filiale im Süden auf ausreichend Abfall, von dem sich täglich mehrere hundert Squirrels hätten tüchtig viel Fett wegschlecken können. Das jüngere dagegen verschaffte sich am Time Square in einen Coffee Shop ohne Schlüssel unbemerkt Zutritt und hatte von nun an variantenreich sein tägliches Organic Food. So lebten die beiden ohne voneinander zu wissen in Saus und Braus in Manhattan, bis sie zufällig in der Folge von zwei Zeitungsartikeln, denn über einen kostenlosen Internetanschluss verfügten sie beide noch nicht, wieder zueinander finden sollten.

Das ging derart zu und her: Als sich bei ihnen alles jeweils bestens angelassen hatte, sie über mehr als reichliche Vorräte verfügten, begann das ältere Kind sich plötzlich Sorgen zu machen, ob seine Eltern überhaupt noch am Leben seien bei der schlechten Ernährung in ihrem kleinen Gärtchen an der sechsten Avenue. So begann es nach ihnen zu forschen und mit Hilfe der New York Wild-Organisation machte es sie auch bald einmal ausfindig, denn sie hausten immer noch in ihrem alten armseligen Verschlag. Und die Eltern freuten sich von ihrem Ältesten wieder etwas zu hören. Da ihm ein derart gutes Schicksal zuteil geworden sei, beschloss der Vater gleich in einen Yellow Cab zu steigen, um sich vor die McDonald's-Filiale chauffieren zu lassen. Sein Weibchen nahm er nicht mit, weil er dachte, dass eine Ein-Tierchen-Fahrt wesentlich billiger sei als eine für zwei. Doch da hatte er nicht mit den New Yorker Taxifahrern gerechnet. Man kann sich ja auch Mal irren.

Nun, es wurde alles in allem ein wunderbar fröhliches Wiedersehen. Und als er die ungeheuren Abfallberge bei seinem Ältesten sah, konnte er nicht widerstehen überall ein wenig zu probieren. Er naschte und naschte, leckte und leckte, knabberte und knabberte, und zwar derart ausgiebig, dass er bei seiner Rückkehr am Winston Churchill Square wegen seines Übergewichts einfach nicht mehr den Baum hochkam, wo sein Weibchen oben bereits in tiefem Schlummer ruhte. Das sah ein alter Vietnam-kriegsveteran im Pärklein und machte sich diesen Umstand zunutze, indem er das fette Grauhörnchen mit bloßen Händen fing und anschließend über einem Feuerchen briet.

Diesen bestialischen Vorfall meldete das Weibchen anderntags der Polizei, als es die Knöchelchen unter dem Baum liegen sah, in der Hoffnung auf eine anständige Witwenrente, und alsbald stand der Veteran vor Gericht und die Geschichte in der Zeitung. Das alles las nun wiederum zufällig das jüngere Kind und lud sogleich seine derart wiedergefundene Mutter für einen Besuch am Time Square ein, damit sie sich von all ihren Schrecken und Strapazen ein wenig erholen könne. Und nachdem die Mutter von ihrem Jüngsten das erbetene Taxi-Fahrgeld erhalten hatte, stand einer schönen Wiederbegegnung nichts mehr im Wege. Wie staunte die Mutter nicht schlecht über den neuen Reichtum, den sie da auf einmal vorfand. Und sie konnte sich speziell an den Kaffeebohnen nicht genug satt knabbern, bis sie vor lauter Koffein geradezu hyperventilierte und von allem Bunten im Lokal, was ihr gerade vor die ausgelaugte Nase kam, mit ihren Zahnstummeln naschen wollte und es entsprechend benagte. Leider biss sie während dieser Nervositätsattacken auch in verschiedene Leitungen und Transformatoren im Keller, wobei sie glattweg zu einem Häufchen Asche verschmorte.

Mit ihrem unfreiwilligen Tod löste sie allerdings einen riesigen Kurzschluss aus, so dass die Nasdaq-Börse für einen Tag ihre digitalen Tore schließen musste, was sogleich als Terror-Meldung eines Squirrel-Selbstmordanschlags auf die amerikanische Wirtschaft in die Zeitung gerückt wurde. Das las wiederum das ältere Kind und auf diese Art und Weise fand es sein Geschwisterchen im riesengroßen Manhattan doch noch wieder. Was freuten sie sich da nicht nach so langer Zeit der Trennung. So kann der Tod der Eltern auch sehr wohl sein Gutes haben. Zumal wenn die Zeitungen noch darüber zu berichten wissen. Und das ganz ohne alternative facts.

Himmelsspiegelung

Die Stadt New York gibt es so schon lange nicht mehr, redet der Himmel. Stattdessen Zerbrochenes, Erbrochenes, die Vereinigten Staaten der Spiegelscherben fast überall. Achtung Fahrrad-Reifen! Achtung Hundepfoten! In diesen kleinen, blinkend reflektierenden Mosaiksteinchen liegt New Yorks offenes Geheimnis, das sich nachts über die vielen erleuchteten Fenster vertikal bis in den Himmel hinein verlängert. Und wenn Autoren sich gerade dafür zuständig halten, diese Bildwelten zu rekonstruieren, auszuloten, zu erzählen, so müssen sie ganz offensichtlich vollständig versagt haben, denn nichts ist hier wirklich schon gelüftet. Mit Ausnahme der eigenen vier Wände. Sonst lässt sich das Geflügelbratige, Eierspeckige und die käsigen Mayo-Saucen durch alle Räume hindurch riechen, speziell durch die Leseräume. Wie wenn einen über der Lektüre einer Zeitung oder eines Buches der Heißhunger hinterrücks derart heftig anfalle, dass lieber gleich mit Löffel, Gabel und Messer und wenn's sein muss auch mit Händen weitergelesen wird. Möchte hier noch jemand weiter auf den hungrig schlagenden Puls fühlen? Himmel, so lasst doch die New Yorker erst einmal in Ruhe alles verschlingen und vertrinken. Ihre Wege waren weit und aus unsicherem Herkommen. Jetzt haben sie sich erst einmal ruinös hier eingenistet. Ihr Essen ist doch immerhin verdient, aber nicht kostenfrei. Will sagen, ihren

Existenzen haftet von oben besehen immer noch etwas Prekäres an.

Vorsorglich haben sich denn auch die meisten Literaturagenten die Haare abrasieren lassen, damit sich keine unnötige Literaturlaus auf ihrem Kopf breit mache bei sommerlichen Temperaturen. Oder überwintern dort sonst die kritischen Zecken an der Wärme? Nein, denn im Winter werden die Agenten noch kälter. Mit einem zugefrorenen See-Hirn lässt sich am Schreibtisch in den mobilen Telefonhörer das morgendliche Not for you besser hineinnebeln. Am andern Ende der Leitung sagt nämlich ständig einfach einer I, I, and I. Ich. Ich. Ich. Und dann droht er natürlich noch mit viel mehr. Mit verschiedenen seltsamen Romanwürfen. Die Leitung redet in einem fort, wie wenn sie ein wirklicher Mensch wäre, der mit seinen erwachsenen Zähnen einfach alles und auf alle Weisen nicht nur essen, sondern auch sagen kann. Ideenspeichel tropft so bisweilen durch den Apparat, bis ganz am Schluss nur noch ein trockener Husten hörbar verbleibt. Dann hängt er auf. Der Agent denkt, er ist doch eigentlich kein Auditor für einen Noch-nicht-Autor.

Auch die südamerikanischen Klempner draußen vor dem Haus machen jetzt Mal Pause. Zu dritt sitzen sie vorne in ihrem Toyota. Jeder beißt in seine Abwrackstulle und glotzt ganz ausdruckslos hinaus. Hinaus auf den autonomen Schwarzkapuzen-Raben (eine Rowdy-Elster gar?), der auf der Motorhaube sich ohne aufzufliegen in seinen wolkenlosen, strahlend hellblauen Himmel über Manhattan hinaufspiegelt. Direkt zu mir bis weit in den 3000. Stock. Das gibt's.

Kurz vor Halloween

Kein Ding bleibt wie es ist. Aus heiß wird kalt und aus kalt wird warm. Kalte Elfen streunen durchs frostige Schlafzimmer. Wächserne Schönheiten, die, würde der Schlafende jetzt zufällig leicht die Augenlider heben, ob ihren beobachteten körperlichen Vorzügen sogleich erröten würden.

Wohin so schnell? Wohin so schnell? Ihnen bricht ja der Schweiß aus ob all dieser morgendlich ängstigenden Fragerei. Der kalte Schweiß. Wasserblaue Tropfen fallen von ihren nackten Körpern. Die Haare voll Tau. Adern von Wasser geschwollen. Wohin sie auch eilen, bei jedem Schritt bleibt eine Wasserlache zurück. Ihre hellen Haare, Finger, Beine und Füße zerstäuben ganz schnell wie Parfümwolken. Die Schultern, der Rücken, die Brüste und ja Hüfte schmelzen, verlaufen zu Rinnsalen. Flüssigkeit, die schließlich irgendwo wieder in röhrenartige Gefäße geschöpft wird.

Krähenlärm, denkt er, als er sich im Bett dreht. Bis er realisiert, dass es die Heizung ist, die ihren Betrieb aufgenommen hat. Jetzt ist also acht Uhr dreißig. Das Pumpwerk kommt in Gang. In den Heizkörpern knackt und knallt es einen mit kleinen Explosionen in den New Yorker Alltag. Die Rohre beginnen vor sich hinzugurgeln. Dann haben sie mit einem Mal den Schluckauf.

Denn jetzt geht alles seinen Weg in umgekehrter Ordnung. Unter Rütteln und Blasen entflammt sich alles Lichte wieder im aschgrauen Schlafzimmer. Vulkanartige Gesichter leuchten wie Feuer durch die matt beigen Vorhänge. Unermüdlich schwingen brünstig die morgendlichen Sonnenflammen hinter den gegenüberliegenden Gebäuden empor, um dann wieder ohne Zischen und Pfeifen zu erlöschen, indem sie zwischen dunklen Gebäudelücken wie in tiefe Wasser eintauchen und für immer verschwinden. Es ist genauso wie mit den Flüssen hier, im Verlauf des Morgens verliert der Hudson allmählich seine frostige Klarheit und wird lauer und lauer, während sich über dem East River ein leichter Dunst bildet.

Die nun plötzlich spürbare feuchte Wärme, die sich von den Radiatoren her in seinem Schlafraum ausbreitet, nimmt dem liegenden Mann alle Munterkeit, lässt ihn auf sein Kissen zurücksinken und in merkwürdig schwere Träumereien geraten, aus denen er wiederum nur durch den Schlussschrecken, den sie ihm jeweils verursachen, überhaupt noch einmal erwacht. Und dann ist es wie bei

Sonnenhitze, die alles in brennende Glut versetzt. Wer zu hoch aufsteigt, muss geradezu im feurigen Morgenschein verglühen. Alles wird von der Hitze ergriffen, spaltet sich, bekommt tiefe Risse und dörrt aus.

Da steht er doch noch benommen auf, torkelt an Bücher- und Zeitungsstapeln vorbei ins Bad und anschließend im Trainer in die Küche, um sich ein paar Eier in die Bratpfanne zu schlagen. Die Müdigkeit selbst aber lastet weiter auf ihm, wie wenn er schlecht geschlafen hätte oder von einem schlechten Wein am Vorabend getrunken. Ihm kommen die unterschiedlichsten Nachtgeräusche wieder ins Gehör. Von Eigenartigem weiß da seine Erinnerung aus den Nachbarswohnungen zu berichten. Die gespürte Regelmäßigkeit dieser aufstöhnenden Geräusche bedrückt ihn wie ein Alptraum. Er errötet nur schon, wenn er an eine Begegnung mit einem der so bieder wirkenden Ehepaare im Lift denkt. Feuererzeugte Wässrige. Das Leben nur noch ein einziges großes System des Betrugs. Das lässt sich gar nicht recht zuendedenken. Die Hitze kommt über ihn wie Wallungen. Er ist ganz der Mann nach der Heizung.

Es muss irgendwo, vielleicht im Keller, vielleicht hoch unterm Dach im dreißigsten Stockwerk einen Thermostat geben, der sich selbständig gemacht hat. Der auf eigene Rechnung und Verantwortung auf- und abheizt. Natürlich müsste er den Doorman einmal genauer danach befragen. Nur würde das gleichzeitig auch bedeuten, ihm einen Einblick in die eigene kleine Wohnung zu gewähren, die er seit seiner Studienzeit bewohnt. Nicht alle würden die vielen Bücher und Zettel verstehen, eine Ordnung in seinen bis zum Chaos mit papierenem Kram angefüllten Zimmern schon gar nicht vermuten.

Welchen Punkt hatte eigentlich Kafka mit seiner Verzweiflung gemeint? Es gibt so viele kleine, unscheinbare Punkte dafür, dass man versucht ist, sie alle und jederzeit zu leugnen, in Erwartung von noch viel Schlimmerem. Und da es dann ja wirklich schlimmer eintrifft, wenngleich meist nur in homöopathischen Dosen, so schiebt man jede endgültige Entscheidung wieder hinaus. Das ist die Gewöhnung an die Verzweiflung.

Jetzt meint er den Doorman klingeln zu hören. Er ist noch ganz von seinen melancholischen Gedanken vergeistert. Schon klingelt es heftiger. Er weiß, es ist der Portier, der einen Boten hochlassen möchte. Aber er will ihn nicht bei sich an der Tür haben, damit er noch bei ihm hineinlugen kann, und so eilt er zur Tür, nimmt den Schlüsselbund vom Kleiderhaken. Wieder das Klingeln. Nun aber rasch hinaus. Er lässt wie immer die Tür kräftig ins Schloss fallen. Eiligst schließt er noch das obere Sicherheitsschloss. Ein Reflex von wegen der dreisten Einbrecher im Quartier heutzutage. Man weiß also nie. Und dann fährt er schnell die acht Stockwerke nach unten. Bücherbestellungen wahrscheinlich. Es könnte aber auch das Manuskript sein. Er mag nicht daran denken. Aber unten ist dann doch rein gar nichts. Niemand erwartet ihn. Der Portier ist nicht wie sonst hinter seinem Tresen. Auch draußen vor dem Haus ist rein gar niemand, kein Parfümgeruch. Nicht einmal Kindergekicher vom Spielplatz her. Wie oft freut sich der Mensch vergeblich. Jedes Stockwerk aufwärts ist jetzt eine zweimal vergeblich genommene Hürde. Erschöpft verlässt er oben im achten Stock den Lift. Schließt das obere Türschloss auf. Doch im unteren Schloss will sein Schlüssel einfach nicht greifen. Er passt zwar da hinein, lässt sich aber nicht mehr weiter drehen. Die Tür ist einfach nicht zu öffnen. Das darf doch nicht wahr sein. Er hat nur oben rasch zugeschlossen. Alles probieren nützt nichts. Nun wird ihm allmählich klar, es kann eigentlich nur so sein, dass er sich selber ausgeschlossen hat. Der zweite Schlüsselbund muss noch innen im Hauptschloss stecken. Er wird ihn in der Eile übersehen, nicht entfernt haben. Erhitzt steht er da vor der Tür, im kühlen Treppenhaus in einem alten Trainingsanzug und Flip-Flops.

Hier in dieser Stadt passiert einem eben all das, was einem sonst nie passiert. Er fährt wieder nach unten, geht an der leeren Portierloge vorbei hinaus. Es weht ein kühler Morgenwind. Er eilt am kleinen Inder-Laden vorüber. Keiner, der ihn kennt. Niemand fragt ihn: Ist Ihnen nicht ein bisschen kalt? Im Starbuck lächelt nur die Kellnerin durch die angelaufene Scheibe. Vielleicht über sein speckig fettes Haar. Oder sieht sie gar seine dicken, nie zurechtgeschnittenen Augenbrauen, die diabolisch aufstehen wie Hörnchen? Wie soll ihm diese Stadt nur je helfen? Er fühlt ein Hustenbonbon in der Jackentasche und ist beruhigt. Das wird ihn über den Tag retten. Dann wird er sich vieles einmal näher ansehen müssen, was er vom Lesen her kennt oder zu kennen meint. Hier draußen war er schon lange nicht mehr, in seiner Wohngegend, in seiner Stadt. Er fühlt sich nicht eigentlich ausgeschlossen. Doch New Yorks Welt wird ihm wohl von nun an nicht mehr simpel und in allem überschaubar wie aus einem Buch vorgelesen werden. Er fühlt es kalt und heiß zugleich.

In der Bleeckerstreet, einer an sich teuren Gegend, konnte man ihn so noch lange wandeln sehen, ein vor sich hin fluchender nackter, geradezu zombiehaft wirkender Mensch, der nachts in den Eingängen von leerstehenden Geschäften schlief. Von der Hose bestanden nur noch gerade die unerlässlichsten Reste, oben trug er gar nichts. Es war doch schon merklich kühler und noch nicht ganz Halloween.

Vorletzte Weihnachten

Zuerst rief die Schwiegermutter an und erklärte, dass sie unmöglich kommen könne, da sie eine Kreuzfahrt gewonnen hätte. Sagenhaft. Wir gratulierten natürlich. Bedauerten gleichzeitig aber auch etwas ihr Ausbleiben.

Dann kam, rund drei Tage vor Santa Claus, eine Karte von meinem Vater, dass er und Mutter von der Grippe viel zu geschwächt seien, um noch von Boston nach New York zu fliegen. Sie könnten unmöglich kommen. Wir riefen sofort an. Es klang zum Glück weniger schlimm als das Gelesene. Wir nickten uns zu. Es hatte ja auch sein Gutes, einmal ohne Eltern.

Dass unser Ted aus San Francisco nicht zu uns kommen würde, war von Anfang an klar gewesen. Doch als dann noch unsere Tochter anrief, dass sie nun doch mit ihrem Mann und den Kindern zu ihren Schwiegereltern nach Connecticut ginge, waren wir erstaunt. Hatten wir etwas falsch gemacht? Meine Frau sagte, sie war doch schon immer so.

Ach so.

Lass uns stattdessen einfach mit meinem Bruder zusammen feiern.

Dann, als wir uns am Weihnachtsabend schon umgezogen hatten, sah meine Frau eine Kurz-Botschaft auf ihrem Mobile Phone von ihrem Bruder. Seine Partnerin sei auf und davon. Seine Welt vollkommen zerstört. Er am Boden. Es sei jetzt ganz unmöglich zu kommen. Und so. Wir riefen sofort an, aber es meldete sich nur der Telefonanrufbeantworter. Waren wir Zeugen einer Katastrophe?

So gingen wir früh zu Bett. Siehe da erschien mir ein Engel im Traum und sagte: Steh jetzt auf und nimm deine Frau, deine beiden Kinder, deine ganze Familie und Verwandtschaft und all deine Habe und flieg nach Ägypten. Und bleibe dort, bis ich es dir ausdrücklich sage. Und ich nahm meine Frau, die beiden Kinder, meine Eltern, die Schwiegermutter und den Schwager und seine Lebensgefährtin, mitsamt all ihren Tieren, Spielsachen, Möbeln, Gerätschaften und Nahrungsmitteln und zog fort nach Ägypten. Dort zimmerte ich eine große Hütte für alle. Ein notdürftiger Unterstand, um zu warten, bis unser Exil ein Ende finden würde. Täglich lasen wir die Neuigkeiten auf dem Internet. Nur gute, erstaunlich gute Nachrichten aus unserm großen Land. Wir waren sehr erfreut. Das verhieß alles in allem eine gute Rückkehr. Und wir warteten und warteten und warteten. Aber der Herr schickte einfach keinen die Rückkehr verkündenden Engel mehr.

Das geschah alles vorletzte Weihnachten.

Vielleicht einmal im September

Vor langer langer Zeit, da setzte einmal Mitte Dezember im alten New York ein gewaltiger Frost ein und so viel Schnee fiel, wie seit Menschen Gedenken nicht mehr. Der Schnee wuchs und wuchs in den Straßen und nicht wenige der Einwohner erfroren gar. Der East River und der Hudson schlüpften unter große schwere Decken aus Eis, so dass man von der Stadt mit dem Schlitten problemlos über die zugefrorene Bay ins elf Meilen entfernte Staten Island fahren konnte. Und die Kavallerie holte von dort auf diese Weise ihre Vorräte für die damals in Manhattan stationierten Engländer. Alles blieb ganz grau und still, wie man es sich heutzutage für das bunte grelle New York gar nicht mehr ausmalen mag.

Und da saß man beim Feuer, wärmte sich mit Tee und Punsch und erzählte sich von den merkwürdigsten Dingen, die da im Nebel über die eisigen Flächen gezogen kamen. Im Mondschein wollten einige ein Schiff gesehen haben, ein uraltes, das festsaß. Aber kaum näherte man sich ihm, so verschwand es spurlos als wäre es nie dagewesen, nicht einmal das leiseste Knacken im Eis gab einen Hinweis auf seinen Verbleib. Es war zum Verrücktwerden. Andere wiederum hatten eine weiße Frau gesehen, die über das Eis eilte und versuchte man ihr zu Hilfe zu kommen, so verschwand auch sie spurlos. Man hätte denken können, es sei bloß ein Hirngespinst gewesen. Genauso wie andere im Nebel weiße Hirsche oder traurige Trompeter auftauchen und wieder verschwinden gesehen haben wollten. Und wenn man so richtig warm bekommen hatte, der Punsch hoch zu Kopfe stieg, so wollten einige gar einen Reiter heransprengen gesehen haben, dem der ganze Kopf fehlte. Wie wurde da nicht gewerweist, ob es nicht am Ende ein feindlicher oder eigener Reiter gewesen sein könnte, denn man war damals in New York ängstlich gespannt, ob General Washington mit seinen Rebellen nicht die vom Eis umschlossene Stadt ganz einfach auf dem Landweg zurückerobern würde.

Nun saß da in Manhattan eine Runde hessischer Söldner in deutscher Gewöhnlichkeit ohne alle englische Lebensart am Feuer und unterhielt sich mit dem Erzählen von allerhand Sagenhaftem, worunter auch Feengeschichten, um die Kälte zu vergessen, die zum Heulen und Zähneklappern war. Jeder trug das Seinige dazu bei die Unterhaltung kräftig zu würzen. Und so fiel auch ein Korporal mit seiner Geschichte ein, ohne sich erst lange bitten zu lassen. Man wisse, wie schwierig es im Moment ja sei, einen Passierschein für Brooklyn zu erhalten. Es habe jedenfalls viel Referenz gebraucht, bis er einen erhalten habe, um über den vereisten East River zu seiner Verehrten zu dürfen. Zwei Tage seien ihm endlich eingeräumt worden und er habe sich sofort in die Ordonanz geworfen und auf den Weg gemacht. Das sei nicht ganz leicht gewesen über die aufgetürmten Eisschollen am Ufer hinweg und er sei erst am späten Abend dort angelangt. Aber die Angebetete hätte auf ihn sehnsüchtig gewartet und ihre Mutter das wunderbare Essen erst bei seiner Ankunft in Gang gesetzt. Das sei ein Schmausen und Schäkern gewesen, er hätte gleich das ganze Lotterleben hier am Ferry Watch vergessen.

Doch alles Schöne hat einmal sein Ende und so sei er am nächsten Nachmittag bereits wieder unter den heftigsten Abschiedstränen aufgebrochen. Und wie er am Ufer angelangt sei, habe er zu seinem Schrecken gesehen, dass dort die Eisschollen losgebrochen waren und der East River langsam seine schwarze Bahn durch Eis und Nebel zog. Nun war langer Rat teuer, wie nur überzusetzen. Doch da habe er mit einem Mal eine feine Musik in der Nähe gehört. Sei drauf zugegangen, ganz ohne Waffen, aber habe statt der erwarteten Wilden überaus kleine Männer in altmodischer Tracht und mit langen grauen Bärten angetroffen, die man in Hessen ja bekanntlich das stille Volk nenne und hier die Elfen, wie sie bei fröhlichem Fackelschein tanzten. Er habe sie höflich angerufen, worauf sie ihn in umständlich altbackener Art einluden, an ihrem Fest teilzunehmen. Aus Bonhomie habe er nicht weiter gezögert mitzutanzen, ja auch bei den Aalen, Krebsen, Makrelen und Hummern hübsch mitgehalten, gar mit

ihnen gekegelt, aber keinen Tropfen aus ihren herumge-
reichten Schnapsflaschen zu sich genommen, weil er zuvor
schon reichlich getrunken habe und fürchtete, die Herren
Engländer würden ihn sonst noch relegieren. Als das Fest
sich seinem Ende näherte, hätten sie ihn nach seinem
Herkommen befragt und als sie hörten, er sei ein Verlieb-
ter aus Manhattan, hätten sie ihm einen Fährmann ge-
stellt, um ihn überzusetzen. Als er so doch noch rechtzei-
tig vor Mitternacht über den East River gekommen war,
nahm er sich ein Herz, den Fährmann nach dem Anlass
für ihr Fest zu befragen. Und dieser antwortete ihm frei-
mütigst, dass man den Geburtstag von Rip van Winkle
gefeiert habe, dessen langer Schlaf nun bald einmal vorbei
sei. „Ihr müsst wissen, dass eure Zukunft mit den Eng-
ländern ganz sieglos sein wird, ihr mögt als Hessen von
den Rebellen noch so gefürchtet sein mit eurem wilden
Husarenleben. Eure militärische Laufbahn ist dahin, das
steht fest. Es wird Frieden geben und Rip wird dann bald
einmal erwachen und sich wundern, dass kein Eng-
lishman in New York mehr zu finden sein wird. Und jetzt
müssen wir uns wieder von neuem Gedanken machen,
einen netten fröhlichen Menschen zu finden, der von un-
serm Schlaftrunk trinkt, damit er wiederum die nachengli-
sche Zeit der rebellischen Siedler verschlafen kann. Er
wird erst dann erwachen, wenn dieses New York nicht
mehr die gleiche Stadt sein wird wie zuvor. Du hättest als
verliebtes Närrchen einen guten Kandidaten dafür abgege-
ben. Aber deine korrekte deutsche Art hat dir da einen
Streich gespielt. Du hast nichts getrunken, also bist du es
nicht, der so lange die Zeiten von zwei Jahrhunderten
glücklich verschlafen darf. Du bist unser Schläfer nicht.
Vielleicht haben wir nächstes Jahr mit andern mehr
Glück. Vielleicht finden wir einmal im September wahre
Schläfer." Und der Fährmann stakte seinen kleinen Kahn
eiligst wieder zurück, wobei die Eisdecke sich hinter ihm
wie von selber schloss, als wäre da gar nie etwas anderes
als nur immer dieses dicke unbewegliche Eis gewesen.

Er sei etwas durcheinander gewesen und habe sich ei-
ligst Richtung Ferry Watch aufgemacht. Zwei englische
Sergeanten hätten ihn dann auf der Brandwache aufgezo-

gen wegen der aschgrauen Farbe seines Gesichts. You sad Hessians you! Nur im Verdammen und Fluchen seid ihr unschlagbar. Diese englische Frechheit hätte er nicht auf sich sitzen lassen können, doch statt sie auf guthessisch beide durchzuprügeln, habe er ihnen ein Duell für den nächsten Tag angeboten, was beiden offensichtlich behagt habe. Und so habe er am nächsten Tag auf dem für den Waffengang bezeichneten, nebligen Ground, Null Schritte von der Wall-Gegend auf sie gewartet. Gewartet und gewartet, aber sie kamen beide nicht. Da war nichts zu machen gewesen. Der dicke Nebel habe auf einmal nach ekelhaftem Rauch und Ruß geschmeckt, und er wäre am liebsten auf und davon, mit oder ohne Geliebte, zurück in die Heimat. Aber da habe er doch zutiefst gefühlt, dass das nicht anginge, wie er an diesen Garnisonsort regelrecht angenagelt sei, dieses New York habe sich ihm sozusagen wie einem Wilden eintätowiert. Und da habe er sich gesagt, Krafft hör einmal zu, hör zu Krafft, ja, jetzt bleibst du einmal hier und schaust zu, ob die Prophezeiungen der Wichtelmänner überhaupt in Erfüllung gehen mögen. Das ist doch noch gar nicht wirklich gesagt. Solche Schläfer gibt es doch gar nicht. Schließlich hat es dir das vielleicht alles nur geträumt.

Das waren in der Tat sonderbare Winter-Bilder, die da beschworen worden waren, aber wie es so geht, die Geschichte gefiel nicht ganz allen gleich gut und schon fiel jemand anderem aus der Erzählrunde der verdingten Militärs eine neue und bessere ein und so schriftstellerte ein anderer wieder mündlich von neuem munter weiter. Es war da vielleicht eine sagenhaft ausgelassene Stimmung mitten im kältesten Dezember, so gar keine Zeit für irgendwelche Schlafmützen.

Nachweise

George Herbert: The Pulley, in: ders., The Works (Hg. Robert Aris Willmott), London 1856, S. 168

Paul Valéry: Cahiers/Hefte, Bd. 6 (übers. v. Bernhard Böschenstein/Hartmut Köhler/Jürgen Schmidt-Radefeld), Frankfurt a. M. 1993, S. 413 f.

The Pogues: Fairytale of New York, auf Single 1987 bzw. auf dem Album „If I Should Fall from Grace with God", 1988

Gretel Adorno 1938 an Walter Benjamin, in: Theodor W. Adorno Archiv (Hg.), Adorno. Eine Bildmonographie, Frankfurt a. M. 2003, S. 169

Paula Fox: In fremden Kleidern. Geschichte einer Jugend (aus dem Engl. übers. v. Susanne Röckel), München 2003, S. 24

Franz Kafka: Hochzeitsvorbereitungen auf dem Lande und andere Prosa aus dem Nachlass (Hg. Max Brod), New York/Frankfurt a. M. 1953, S. 65

Rose Ausländer: New York fasziniert, in: dies., Gedichte (Hg. Helmut Braun), Frankfurt a. M. 2012, S. 163

Ralph Waldo Emerson: Gedanken (Hg. Egon Friedell), Köln 2011, S. 112

Inhaltsverzeichnis